AF403856

MÉMOIRE

SUR

LE DROIT

DES PAIRS

DE FRANCE,

D'ÊTRE

JUGÉS PAR LEURS PAIRS.

M. DCC. LXXI.

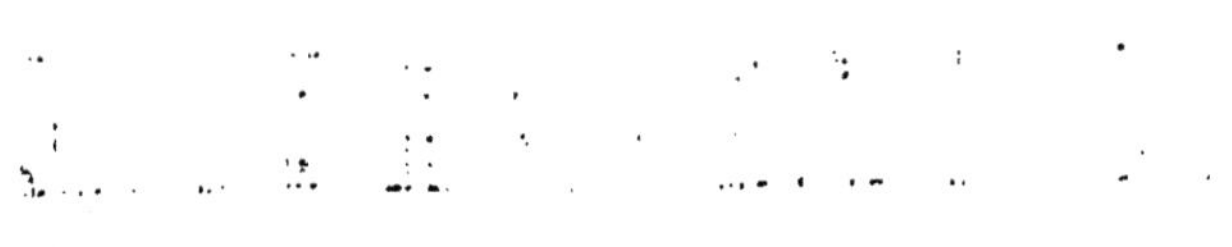

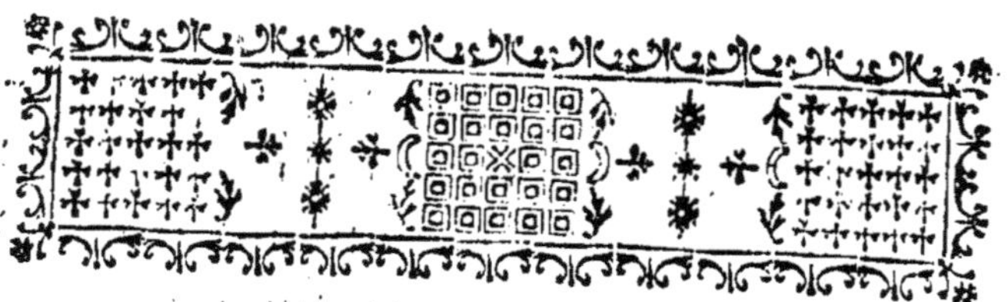

MÉMOIRE

SUR

LE DROIT

DES PAIRS

DE FRANCE,

D'ÊTRE JUGÉS PAR LEURS PAIRS.

EXPOSITION.

IL ne devroit y avoir aucune difficulté dans l'exercice du droit qu'ont les Pairs de France d'être jugés par leurs Pairs touchant leur personne & leur état ; ce droit ne présente à l'esprit qu'une idée claire, il est énoncé d'une maniere simple & précise qui paroît n'être susceptible d'aucune équivoque : droit

ancien & précieux autrefois commun à toute la Noblesse Françoise :
Il s'en faut bien cependant que les
Pairs soient d'accord sur ce point
avec les Parlemens du Royaume ;
celui de Paris se dit la Cour unique
& essentielle des Pairs, notamment
en ce qui concerne l'instruction &
le jugement des procès des Pairs,
lorsqu'il s'agit de leur personne & de
leur état : ceux des Provinces veulent pouvoir connoître d'un délit
commis dans leur ressort par un Pair
de France, & lui faire son procès
définitivement. Ce qu'il y a de plus
étonnant, c'est que tous les Pairs
ne s'accordent pas aujourd'hui en-
tiérement sur un objet aussi intéres-
sant pour eux ; ils étoient encore
réunis en 1716, & avoient sur ce
droit le même langage qu'ils avoient
eu de tous les tems ; ce n'est qu'en
1721 qu'il a commencé à varier ;
quelques-uns des Pairs crurent alors
qu'il étoit plus avantageux pour
eux de n'être jugés qu'au Parlement
de Paris, toutes les Chambres assemblées, les Pairs duement convo-

qués : s'il s'en trouve encore aujour-
d'hui de ce fentiment, il eft facile de
faire voir qu'ils ne connoiffent ni
leur droit, ni leur intérêt. Tous les
autres Pairs au contraire, formant le
plus grand nombre, continuent de
foutenir, avec leurs anciens, que le
Parlement de Paris n'eft pas plus le
Tribunal des Pairs dans leurs procès
criminels qu'aucun autre Parlement
du Royaume ; qu'ils n'ont pour Juges que leurs Pairs & le Roi en perfonne, qui peut tenir fa Cour des
Pairs où il lui plait.

Les Pairs cependant n'ont jamais
été défunis fur un point effentiel :
c'eft de rejetter pour leurs Juges
toute efpèce de Commiffaires ; car
les Pairs, en ne voulant point du
Parlement de Paris pour Juge, veulent encore moins de Commiffaires
avec voix déliberative ; ce qui eft
une conféquence du droit des Pairs
d'être jugés par leurs Pairs ; mais il
ne fuffit point de confidérer ce qui
peut être le plus avantageux aux
Pairs ; il faut encore que l'opinion
qu'on veut établir, foit fondée fur

ce qui a été de tout tems regardé comme le droit eſſentiel de la Pairie, & s'accorde avec les monumens & les faits de notre hiſtoire.

Dans la diſcuſſion qu'on va entreprendre , on n'avancera rien que d'après ces monumens , ou plutôt ce feront eux feuls qui parleront , & on n'en tirera d'autres conféquences que celles qui en dérivent naturellement.

On a de la peine a concevoir comment M. M. du Parlement de Paris peuvent à la fois , fans fentir leur inconféquence , d'un côté , reconnoître le droit qu'ont les Pairs d'être jugés par leurs Pairs touchant leur perfonne & leur état, &, d'un autre côté, prétendre être auffi les Juges de la perfonne & de l'état des Pairs.

On croit donc pouvoir établir, 1°. Que le droit des Pairs d'être jugés par leurs Pairs touchant leur perfonne & leur état, confifte à n'être jugés que par leurs Pairs & le Roi en perfonne. 2°. Que les procès faits dans tous les tems aux Pairs de

France, & les actes qui concernent ces procès , prouvent que les Pairs ne peuvent être jugés que par leurs Pairs & le Roi en perfonne. 3°. On conclut qu'il eft non-feulement honorable & utile aux Pairs de ne pouvoir être jugés que par leurs Pairs , mais qu'il feroit même dangereux pour eux que cela fût autrement.

En établiffant ainfi le droit des Pairs, on fait tomber, par une fuite neceffaire, les prétentions du Parlemens de Paris, & du même coup, celles des Parlemens de Province.

ARTICLE I.

Le droit des Pairs de France, d'être jugés par leurs Pairs touchant leur perſonne & leur état, conſiſte à n'être jugés que par leurs Pairs & le Roi en perſonne.

ON rapportera d'abord dans cet article les monumens qui, d'un côté, établiſſent le droit des Pairs, & qui, de l'autre, détruiſent les prétentions des Parlemens ; & comme il eſt dit dans ces monumens que c'eſt à la Cour du Roi que les Pairs doivent être jugés, on fera voir que la Cour du Roi, relativement aux Pairs, eſt autre choſe que le Parlement de Paris. Ce qui nous conduira à diſtinguer deux ſortes de Cour ; la Cour majeure, ou grande Cour ; & la Cour ordinaire. On donnera enſuite une idée de l'origine & de la nature du Parlement de Paris, pour prouver qu'il n'a point de rapport avec les anciens Parlemens, assemblées de la Nation, qu'il n'a jamais pu les remplacer , & qu'il ne sçauroit par-là s'établir un titre pour juger les Pairs de France touchant leur personne & leur état. On finira cet article par montrer que la Pairie est la même dans tous les tems.

MONUMENS

Qui établissent le Droit de Pairs.

LE droit qu'ont les Pairs d'être jugés par leurs Pairs, a toujours été reconnu comme incontestable ; tous les actes anciens , les traités & les hommages , qui regardent cet objet , expriment cette vérité, & la prouvent ; ce que l'on peut voir dans les pieces rapportées pour preuves, & jointes aux Mémoires faits pour les Pairs de France , imprimés en 1720, & qui sont au dépôt de la Pairie ; d'où l'on prétend

(10)

qu'il s'enfuit néceffairement qu'ils ne
peuvent être jugés que par leurs
Pairs ; autrement avec un nombre
de Commiffaires ou de Confeillers
joints aux Pairs, & infiniment fupé-
rieur à celui des Pairs , il pourroit
arriver qu'un Pair de France fût ab-
fous ou condamné contre les voix
unanimes de fes Pairs. Certainement
de cette façon, un Pair ne feroit pas
jugé par fes Pairs, ce feroit là une
vraie dérifion de fon droit , & ce
feroit véritablement l'anéantir ; car
on remarquera que le droit d'un
Pair ne fe borne pas à être jugé en
préfence de fes Pairs, mais qu'il confifte à être jugé par fes Pairs (*), ce
qui eft tout différent & conforme à
la raifon, à l'équité & même à notre
ancien droit civil, qui ne veut point
que l'on foit jugé par fes inférieurs ;
il eft difficile de réfifter à la néceffité
de cette conféquence ; les monumens de notre hiftoire viennent à
fon appui ; on les rapportera à me-
fure qu'on entrera en matiere : nous
citerons feulement ici un extrait des

(*) Voyez la premiere Note placée à la fin.

affifes de Jérufalem où ce droit des Pairs eft établi, ainfi que nous venons de le conclure en des termes qui ne laiffent aucun doute, & où l'on en voit l'antiquité.

On y lit au Chapitre CCCXXIV, page 217. » Ci dit quantes Baronies » y at au Royaume de Jérufalem, la » hauteffe de Franchifes que les » quatre Baronies ont plus que les » autres hommes doudit Royaume, » eft tel que nul des Seigneurs de » ces quatre Baronies ne peut, ne ne » doit, par affife & l'ufage de ceft » Royaume, être jugé de fon cors, » ne de fon Fié, ne de fon honour; ce » eft à entendre des chofes de fa Ba- » ronie, que par fes Pers, ce eft un » des dis Barons par les autres, fe il » défendre s'en doit, & à aucun » gens dient que le Conneftable & » le Maréchau du Royaume, pe- » vent & doivent juger o (*avec*) » les Barons devant dis & le plus » dient que ne font, ne je n'oys on- » ques dire certainement que ils » puiffent & deuffent avec eaux ju- » ger, en chacune des quatre Ba-

» ronies , doit avoir Conneſtable
» & Maréchau , & tous les autres
» hommes dou Chief Seignor dou
» Royaume pevent être jugés par
» les hommes de la haute Cour dou
» Royaume & par ceaux des autres
» Cours qui ont fait la ligeſſe au
» Chief Seignor par l'aſſiſe, fors que
» tant que homme qui n'eſt Cheva-
» lier, fils de Chevalier & de Dame
» né en léal mariage , ne peut franc
» homme juger, des choſes deſſus
» diviſées , ſi les francs hommes ne
» le veulent ſouffrir de lor gré ; &
» les Barons pevent tous les autres
» hommes juger en toutes choſes ,
» les francs hommes & les autres
» auci, fors les Barons, & de toutes
» autres quereles peut chacun Che-
» valier , mais que il ſait homme de
» Court, ſe il n'a été ataint ou prové
» d'aucun des termes par quoi l'on
» pert vois & repons en la Court «.

Il faut obſerver qu'on ſuivoit au
Royaume de Jéruſalem les mêmes
Loix qu'au Royaume de France, &
que les droits des quatre Baronnies
du Royaume de Jéruſalem n'étoient

(13)

autres que ceux des Pairies de France. On voit donc clairement dans cet ancien monument qu'un Pair de France ne peut être jugé de son corps, de sa Pairie & de son honneur que par ses Pairs, que la haute Cour du Royaume, le Parlement n'a pas le droit de le juger sur ce qui concerne ces trois objets ; que cette haute Cour peut juger les autres Barons qui ne sont pas Pairs ; que cependant les Membres du Parlement qui n'auroient pas été Chevaliers ou fils de Chevalier & de Dame né en loyal mariage, ne pouvoient pas même juger un franc homme de son corps, de son fief & de son honneur, si les francs hommes ne vouloient pas le souffrir.

Quoique ce droit n'établisse pour Juges d'un Pair que ses Pairs avec le Roi, les Grands Officiers de la Couronne ont obtenu cependant, par un Arrêt rendu par Louis VIII, en 1224 (*), d'avoir voix délibérative au jugement d'un Pair, où ont été confirmés dans ce droit qui leur

(*) Voyez la premiere Note., N°. 3.

étoit alors contefté par les Pairs ; mais ils font les feuls , & on tirera de cette exception même une nouvelle preuve ; car il faut en conclure que puifque les Pairs difputoient alors la voix délibérative au Chancelier même , aucune autre perfonne , aucun Officier du Parlement , ou le Parlement en entier , dans le cas qu'il fût appellé par le Roi au jugement d'un Pair, n'y avoit & ne pouvoit y avoir que voix confultative.

On obfervera que le Chancelier, par fa place , étoit toujours du Parlement, que les autres Grands Officiers de la Couronne , ainfi que le Chancelier, accompagnoient le Roi, lorfqu'il tenoit lui même fa Cour, & qu'ils y fiégeoient : la queftion ne pouvoit donc pas tomber fur le point de fçavoir s'ils auroient féance au Parlement, mais confiftoit à décider s'ils y auroient voix délibérative au jugement d'un Pair.

Le Roi étoit toujours préfent au procès criminel d'un Pair ; on y regardoit fa préfence comme nécef-

(15)

faire. Le Parlement de Paris avance à
ce sujet, dans ses réponses à Charles
VII (*), qu'il est plus convenable au
Roi de remettre le jugement du Duc
d'Alençon à un autre tems, que de
manquer d'y assister. On pourroit
delà tirer encore une autre preuve
que M. M. du Parlement ne peuvent avoir au procès d'un Pair que
voix consultative, par la raison qu'ils
n'en ont pas d'autre devant le Roi,
& que le Roi doit toujours assister à
ces sortes d'affaires : ils pourroient
peut-être prétendre former entre
eux tous, en l'absence du Roi, la
voix que le Roi y auroit, si on en
voyoit quelque trace dans nos an-
nales : on n'y en voit aucune. Mais
ils semblent prétendre aujourd'hui
avoir, même devant le Roi, la voix
délibérative, & il est nécessaire de
montrer qu'ils ne l'ont devant le
Roi dans aucun cas.

Pour bien traiter ce point, on ne
le peut faire qu'en remontant aux
principes des droits même de la

(*) Voyez la premiere note N°. 12, article
6 & 7.

Royauté, & ce n'eſt qu'avec reſpeċt qu'un ſujet oſe parler de ces droits ſacrés. Les Rois & les Peuples ſont liés par des ſermens réciproques, les uns de fidèlité envers le Roi, les autres d'obligation de rendre la juſtice à chacun : c'eſt l'engagement que les Rois prennent avec leur Peuple à leur Sacre ; devoir dont les Rois n'ont de compte à rendre qu'à Dieu.

Suivant cet ordre des choſes, quand des Citoyens ne ſont pas d'accord ſur leurs différends, ni contens des Juriſdiċtions inférieures, il leur faut remonter juſqu'au Roi pour s'accorder, parce qu'il n'y a que lui qui puiſſe décider ſouverainement & ordonner dans le Royaume ; mais comme il ne peut par lui-même rendre la juſtice à tous ceux qui la demandent, il y commet d'autres perſonnes ; en vertu de ce pouvoir, ce ſont elles qui, au lieu du Roi, examinent les procès, & les décident, mais de façon que le Roi prend cette déciſion comme ſi c'étoit lui-même qui l'eût rendue ;

cela

cela eſt ſi vrai , que quand on veut
donner à l'arrêt une pleine exécution, & le mettre en forme, c'eſt du
nom du Roi qu'il eſt intitulé ; le Roi
y parle dans tout ſon contenu, & en
ordonne l'exécution , en l'adreſſant
au premier Huiſſier : ainſi le Roi
ſeul eſt ſenſé l'auteur du jugement.
Les Rois jugeoient eux-mêmes au-
tre-fois un grand nombre de procès :
Joinville nous rapporte que Saint
Louis ſe plaiſoit à rendre la juſtice.
Il eſt inconteſtable que le Roi eſt le
ſeul Souverain Juge , le ſeul grand
Juſticier de ſon Royaume, la ſource
de toute juſtice ; ceux qui jugent à
ſa place , ne ſont commis que par
lui, par conſequent qu'aux titres &
aux conditions qu'il a établis. Il lui
eſt libre de ne ſe décider , quand il
aſſiſte au jugement, que par la pluralité des voix ; mais il peut les peſer,
au lieu de les compter. Philippe-le-
Bel, un de nos Rois les plus inſtruits
de l'adminiſtration de la juſtice, dans
ſon ordonnance de (*) 1294, ou

____

(*) Voy. Recherches hiſtoriques par M. Gibert.

1296, ne donne que la voix conſultative aux Conſeillers vis-à-vis des Prélats & des Barons qui alors préſidoient ſa Cour : d'après cette ordonnance peut-on mettre en queſtion, ſi les Conſeillers peuvent avoir voix délibérative devant le Roi.

Le célebre Greffier en chef Jean Dutillet doit être d'une autorité reſpeƈtable pour M. M. du Parlement : il n'accorde aux Princes & aux Pairs même que la voix conſultative devant le Roi ; ce qu'il ne ſçauroit établir qu'en regardant comme un principe reconnu & inconteſtable, que qui que ce ſoit devant le Roi ne peut avoir d'autre voix ; cependant il ſe trompe par rapport aux Pairs dans les affaires touchant leur perſonne & leur état; toutes nos recherches en ſont une preuve indubitable ; mais ſon erreur vient de n'avoir pas aſſez étudié en particulier le droit des Pairs, & de n'avoir pas ſçu faire en leur faveur ſeulement, l'exception qui découle

dans les Mémoires de l'Académie des Inſcriptions & Belles-Lettres, année 1763.

néceſſairement du droit des Pairs, &
qui eſt clairement énoncée dans les
titres même du droit que l'on rapporte ; encore Dutillet auroit-il raiſon
par rapport aux Pairs même en matiere civile, qui ne regarde point la
Pairie. Voici le paſſage (*). » Tous les
» arrêts donnés ès procès deſdits
» Robert d'Artois , & Jean Duc
» d'Alençon & autres Princes ou
» Pairs , ont ès diƈtous le nom du
» Roi tenant ſa Cour garnie de
» Pairs , leſquels n'y ſont que *pour*
» *conſeil* & exercice de la ſouveraine
» juſtice Royale «.

On peut encore donner une autre
preuve tirée de la choſe même. Les
jugemens rendus dans les Cours
Souveraines ne peuvent pas être
dits abſolument définitifs , puiſque
l'on peut encore ſe pourvoir auprès
du Roi , ſi l'on croit avoir été jugé
contre l'ordonnance, ou évidemment
contre la juſtice ; pourquoi le Roi,
préſent au jugement , ne pourroit-il
pas y faire , ce qu'il y fait quand il
n'y a pas aſſiſté ? ne pas ſuivre les

____

(*) Voy. Dutillet, Récueil des Rangs, p. 373.

voix de ceux qu'il a commis pour juger, & prononcer tout autrement, s'il voit que la justice est blessée en suivant la pluralité des voix ? C'est certainement le devoir de la royauté, & le précieux avantage des Citoyens lésés.

Une reflexion va faire voir que ce droit du Roi, renfermé dans l'essence même de la Monarchie, s'accorde avec l'avantage du Citoyen. Les Rois sont, pour ainsi dire, des hommes à part ; le degré d'élévation où ils se trouvent, fait qu'ils ont des objets de passions que les autres hommes n'ont point, de même que leurs sujets en ont qui n'affectent point les Rois. Dans les tems de trouble & de fermentation, les Rois peuvent bien être trompés, séduits & déterminés par la cabale & l'intrigue des gens de parti ; mais les Rois n'en prennent guere l'esprit, & sont par-là mieux disposés à revenir des premieres impressions qu'ils auroient pu recevoir. Il n'en est point ainsi des particuliers, des Juges, souvent même de tout un tribunal ; ils peuvent-être faifis de cet efprit de parti & animés de toute la chaleur qu'il donne ; il eft heureux alors que les Rois veuillent bien remplir eux-mêmes les devoirs de la royauté , qu'ils reprennent dans leurs mains, naturellement plus impartiales, les balances de la juftice, & que par la plénitude de leur puiffance, ils fauvent le foible de l'oppreffion qui le ménace.

Les Juges des Cours ne peuvent donc avoir devant le Roi que la voix confultative , puifque dans l'événement des jugemens, il fe trouve que leur voix ne devient décifive qu'autant que le Roi veut bien laiffer fubfifter leur jugement. S'il paroît qu'on cherche à s'écarter de ces principes, on ne peut s'en prendre qu'à l'oubli où l'on eft par le manque d'ufage de nos Rois (*), foit d'aller dans leur Cour y juger les affaires contentieufes des particuliers, foit de faire venir d'autres fois quelques Membres de cette même

(*) Voyez Dutillet, Recueil des Rangs, page 50 & fuivantes. La 5me. note, N°. 179.

Cour, pour juger avec eux & leur Conſeil de pareilles affaires, comme cela ſe pratiquoit anciennement.

Mais ce point de notre droit public eſt connu au Conſeil du Roi ; on y ſçait que perſonne n'a devant lé Roi que voix conſultative dans les affaires contentieuſes qui y ſont portées, comme dans celles d'adminiſtration, & il y eſt de principe que ceux que les Rois commettent à leur place dans leurs Cours, n'ont pareillement que voix conſultative dans les affaires qu'on y traite en préſence du Roi.

Tout ce que l'on vient de dire ne regarde cependant, dans toute ſon étendue, que les affaires contentieuſes en matiere civile ; celles qui touchent le corps & l'état des perſonnes tiennent encore à d'autres principes, fondés en partie ſur l'ancien droit de n'être jugé que par ſes Pairs, & de ne l'être point par ſes inférieurs, droit qui s'étoit même étendu dans les villes à toute perſonne libre. Mais il eſt inutile d'entrer plus avant dans cette matiere,

puifqu'il importe de ne la confidérer ici que rélativement aux procès
criminels des Pairs, qui font les feuls
où les Rois affiftent. Il répugne au
droit des Pairs que M. M. du Parlement y aient voix délibérative : ils ne
peuvent donc fe trouver avec cette
voix devant le Roi dans ces fortes d'affaires, comme dans les civiles, fuivant
ce que l'on vient d'expofer. Ils ne
peuvent donc avoir que voix confultative dans aucun cas devant le Roi.

On fent en même tems que la raifon & les monumens de l'hiftoire
ne fouffrent pas qu'il en foit ainfi des
Pairs dans leurs affaires criminelles,
où ils font Juges néceffaires, & doivent, conformément à leurs droits,
avoir voix délibérative, le Roi préfent, comme abfent, pour former les
arrêts, *ad facienda judicia.* Nos Rois
permettent que les Pairs en faffent
une des conditions de leur ferment
de fidélité, & de l'obfervation des
traités (*) qu'ils faifoient avec eux ;
ce qui montre que c'eft un droit &
plus qu'un privilege. Mais dans le

(*) Voyez la premiere Note, N°. 1.

cas où le Roi n'eût pas affifté au procès, on a démontré qu'il eft incon-
ciliable avec le droit des Pairs , &
même abfurde qu'aucun autre que
les Pairs (les Grands-Officiers de la
couronne exceptés) y eût voix délibérative. Les expreffions des pièces que l'on vient de réclamer en
font une autre preuve , qu'il eft à
propos de développer ici. Ces pièces renferment cette claufe condi-
tionnelle : *Quandiu Dominus Rex*
vellet mihi facere & faceret rectum
Curiæ fuæ per judicium Parium meo-
rum, ou bien, *per judicium eorum qui*
me debent & poffunt judicare. Ainfi
cette claufe préfente deux points :
le premier, que les Pairs doivent être
jugés à la Cour du Roi ; le fecond,
qu'ils doivent l'être par le jugement
de leurs Pairs , par le jugement de
ceux qui doivent & peuvent les juger ; ce qui prouve évidemment
que quand il s'agit du procès criminel d'un Pair , toute forte de perfonnes ne peuvent pas le juger à la
Cour du Roi. Il faut donc néceffairement, pour qu'il puiffe jouir de fon

droit d'être jugé par fes Pairs , que
le jugement ne foit formé que par
fes Pairs ; que par conféquent la
Cour du Roi ne foit garnie que de
ceux qui *doivent* & *peuvent* le juger;
fçavoir, des Pairs & des Grands-Officiers de la couronne; ou que fi on
y admet d'autres membres , ceux-ci
n'aient point de voix délibérative
au jugement ; ce qui paroît bien
fenfible, quand leur nombre furpaffe
de beaucoup celui des Pairs. Si les
Grands-Officiers de la couronne
peuvent feuls, avec les Pairs, affifter
au procès criminel d'un Pair avec
voix délibérative , il y a cependant
une grande différence entre eux &
les Pairs; les uns ne font que partie
capable, & les autres partie néceffaire. Les Grands-Officiers n'ont
point d'obligation de fe trouver au
procès; on ne les y appelle point ;
ils peuvent cependant y être en ac-
compagnant le Roi, & juger alors
avec les Pairs , *poffunt*; au lieu que
les Pairs y font tous convoqués ,
debent judicare ; c'eft pour eux un
devoir, & entre eux un droit réci-
proque.

Les pièces anciennes qui nous reftent concernant les procès des Pairs, touchant leur perfonne & leur état, (on parle principalement de celles qui ont précédé le procès du Duc d'Alençon), ne font mention que du Roi, des Pairs, & des Grands-Officiers de la couronne, comme les feuls Juges néceffaires ou capables ; elles nomment auffi quelquefois de hauts Barons & des Prélats autres que les Pairs ; mais il paroît qu'ils n'avoient point de voix délibérative aux procès, par toutes les preuves qui en ont dejà été données. On en ajoutera ici une nouvelle preuve, tirée du jugement des Pairs de France, rendu en leur nom à Paris, contre Robert, Comte de Flandres, au mois de Juin 1315 ; il eft dit dans l'arrêt confirmatif, donné en forme de lettre, par le Roi Louis Hutin, qu'il (Robert, Comte de Flandres) fut jugé par les Pairs de France, du *conseil & de l'affentement des autres bons douze grands & fuffifans perfonnes Prélats & Barons qui y furent commis & établis par le Roi.*

Si ces douze Prélats & Barons avoient eu voix délibérative, on eût dit que le Comte de Flandres fut jugé par les Pairs & par les Prélats & Barons ; au lieu qu'on ne parle que du conseil & de l'assentement des Prélats & Barons ; différence qui montre qu'ils n'avoient que voix consultative. Ils assistoient au jugement pour y apporter plus d'authenticité par leur présence & par leur nombre ; ce qui paroît bien analogue aux usages de ce tems, puisque, de leur côté, les hauts Barons qui présidoient alors le Parlement, devoient, comme on vient de le voir, suivant l'ordonnance de 1294 ou 1296 (*), pour former les arrêts, peser les voix des Conseillers, plutôt que les compter. Ces derniers n'avoient certainement pas plus de voix que les hauts Barons aux procès criminels des Pairs ; aussi ces pieces anciennes ne les nomment

(*) Voyez Recherches Historiques par M. Gibert, page 46. Mémoires de l'Académie des Inscriptions & Belles-Lettres, année 1763.

même pas le plus souvent, lorsqu'ils y ont été admis , parce qu'ils n'étoient appellés que pour l'instruction du procès.

Mais, dira-t-on , à quoi sert ce tribunal ; à quoi servent ces Commissaires, s'ils ne sont pas Juges ? Le voici. 1°. pour l'appareil & pour la dignité du trône & de la majesté royale ; 2°. pour l'instruction d'une si grande cause.

Les gens de justice assistent en Angleterre, pour le même objet, au jugement criminel d'un Pair, quoiqu'ils n'y aient point de voix délibérative ; & ce qui rend cette observation plus remarquable , c'est que la Pairie n'est établie en Angleterre qu'à l'instar de celle de France.

Si les Pairs ne peuvent être jugés que par leurs Pairs, ils doivent l'être par tous, ou au moins après que tous ont été duement convoqués ; car ce n'est point par une partie des Pairs qu'il est dit qu'ils seront jugés, mais par leurs Pairs, aucun n'est excepté. Il seroit dangereux que cela fût autrement ; on pourroit craindre

dans des tems fâcheux, que des personnes puissantes, soit pour perdre
l'accusé, soit pour le sauver, ne trou-
vassent le moyen, par leur crédit,
d'écarter du jugement ceux des Pairs
qu'ils croiroient trop éclairés, &
trop attachés à la justice pour pouvoir être séduits, & portés à suivre
leurs vues. Il est si vrai que tous les
Pairs doivent être convoqués, que
le premier acte, après la convocation, est de citer les Pairs absens, &
de juger de la validité de leur ex-
cuse (*).

Il faut que la Cour du Roi soit
suffisamment garnie de Pairs. François premier, au procés du Connétable de Bourbon, ne trouvant pas les
Pairs en nombre suffisant, créa le
Comte de Saint Pol Pair pour cette
action seulement, & le fit monter

____

(*) Voyez l'arrêt contre le Comte de Flandre en 1315, où sont exprimées bonnes ou mauvaises, les excuses des Pairs absens. Lancelot,
preuves, page 203.
Le procès du Duc de Biron. Lancelot page 15.
Celui du Prince de Condé. Manuscrit, Dépôt
des Pairs.
Le jugement de Montfort en 1378. Lancelot,
preuves, page 610,

(30)

aux hauts bancs. Il eſt également du droit du Roi, comme de celui des Pairs, qu'il n'y ait que le Roi qui puiſſe les convoquer, ce que l'on n'a pas juſqu'à préſent conteſté ; le Parlement de Paris n'en a certaine-ment pas le pouvoir, les Pairs Prin-ces & non Princes ne le peuvent pas davantage ; on ne ſçauroit ſe donner l'être à ſoi même : qui dit convocation, annonce des perſonnes ſéparées que l'on veut raſſembler ; qui dit convoqué, annonce eſſentiel-lement un convoquant ; le Roi, ſui-vant les principes conſtitutifs de la monarchie, peut ſeul dans le Royaume avoir ce pouvoir ; ainſi les Pairs peuvent bien être aſſem-blés par haſard, par concert, ou par invitation ; mais jamais ils ne formeront une aſſemblée légale de Pairs, la Cour des Pairs, qu'autant qu'ils ſeront réunis ou convoqués par le Roi.

PRÉTENTIONS

Du Parlement de Paris fans fonde-
ment, & détruites par les monu-
mens.

QUAND le Parlement de Paris
avance qu'il eft *uniquement & effen-*
tiellement la Cour des Pairs, notamment en ce qui concerne l'inftruction
& le jugement des procès des *Pairs*,
lorfqu'il s'agit de leur perfonne & de
leur état, ce font, de fa part, des
expreffions nouvelles que l'on n'a
encore vu nulle part. Il abufe, pour
le foutien de cette prétention, de la
qualification de Cour des Pairs, qui
lui eft donnée dans le préambule de
quelques ordonnances & dans plufieurs Lettres-Patentes, mais dans
un fens impropre & limité, comme
Cour où les Pairs vont prêter leur
ferment, où les Lettres - Patentes
d'érection de leur Pairie font enré-
giftrées, & où les caufes civiles des

Pairs font portées , ainfi que celles traitées à la juftice de leur Pairie , par voie d'appel.

La Cour des Pairs, le plus proprement dite, eft celle que les Pairs tenoient autrefois entre eux feuls fans le Roi ; elle eft encore proprement dite , quand le Roi forme fa Cour, & la tient avec les Pairs de France qu'il a fait convoquer à cette fin. Toutes ces acceptions de cette expreffion , Cour des Pairs, ont un fens bien différent ; c'eft ce qu'il ne faut point oublier pour fervir de réponfe aux citations qu'on apporte en faveur de ce Parlement ; auffi voit-on les Préfidens à Mortier dans leur premier mémoire (*) contre les Pairs de France, donné en 1664, établir que ce Parlement n'eft qualifié Cour des Pairs qu'improprement. En effet , quand même le Parlement de Paris auroit le privilege d'être le tribunal unique, où le Roi iroit toujours tenir fa Cour des Pairs , dans ce fens-là même , il ne pourroit être dit la Cour des Pairs qu'improprement

(*) Voyez Lancelot, page 11.

qu'improprement : car l'affemblage des Princes & des Pairs avec les membres du Parlement, ne communique pas à ces Officiers la qualité de Pairs de France. Qui oferoit dire que le Roi féant avec les feuls Pairs, qu'il auroit tous convoqués, accompagné du Chancelier, & des autres Grands-Officiers de la couronne, ne feroit pas là dans fa Cour des Pairs ? Peut-on avoir une autre idée de la Cour des Pairs, proprement dite ? Ainfi, lorfque le Roi va, avec tous les Pairs qu'il a fait appeller, fiéger au Parlement de Paris, ce Parlement, quelques grandes prérogatives qu'il ait fur les autres Parlemens du royaume, même relativement aux Pairs & à la Pairie, ne peut jamais devenir la Cour des Pairs dans fon fens propre; fi l'on ne veut pas confondre toutes les idées, il faut néceffairement toujours diftinguer les Princes & les Pairs, des membres ordinaires du Parlement de Paris : dans le vrai, ce qui arrive, c'eft que ce Parlement eft joint à la Cour des

C

(34)

Pairs; pour s'exprimer correcte-
ment, il faudroit dire: le Roi féant,
avec les Princes & Pairs, & le Parlement de Paris; ou bien, le Roi féant
dans la Cour des Pairs avec le Parlement de Paris. Dans une infinité
de monumens, on voit les Pairs,
les Prélats & Barons (*), ainfi diftingués du Parlement de Paris.

On ne relevera point l'expreffion
de *Cour effentielle*, qui eft ici tout-
à-fait impropre; *effence*, dans les
écoles, eft-ce par quoi la chofe exif-
te, & fans quoi elle ne peut être
conçue; or, la Cour du Roi & la
Cour des Pairs peuvent fe concevoir & exifter l'une fans l'autre; on
les a vu féparées (**).

Mais il ne fuffit point, pour prétendre que le Parlement de Paris
eft la Cour unique où fe traitent les
affaires criminelles des Pairs, de rapporter pour preuve, un certain
nombre de procès qui y ont été
faits à des Pairs; il faut une loi qui,

(*) Voyez la cinquieme Note.
(**) Voyez Dutillet, page 372, art. *des Pairs
de France*, in-4to. de l'édition de 1618.

faite & rendue pour cet objet, donne expreffément au Parlement cette prérogative diftinguée ; ce que
l'on ne trouvera point. L'on fçait
que , comme premiere Cour de
juftice du royaume, le Parlement de
Paris pourroit bien jouir d'une pareille diftinction ; mais la commo-
dité d'y porter ces procès, en a été
peut-être pour nos Rois, une des
principales raifons; d'ailleurs, d'autres exemples contredifent les conféquences que ce Parlement voudroit en tirer , comme on le verra
par la fuite : ainfi, quoique le Parlement de Paris ait l'attribution des
caufes civiles des Pairs , & quoique
les caufes ou les procès entre les
fujets & jufticiables de leurs duchés , reffortent nuement par appel
des juges defdits duchés au Parlement de Paris, il faut cependant en
excepter les caufes criminelles , qui
touchent le corps & l'état des Pairs;
c'eft ce que plufieurs perfonnes veulent toujours confondre , & ce qu'il
faut toujours diftinguer. Ceci eft une
conféquence bien claire & irréfifti-

ble du droit des Pairs que l'on vient de développer : on va rapporter trois monumens qui le prouvent d'une façon directe & expreſſe ; on défie même d'en citer aucun autre qui puiſſe les balancer & jetter, en les comparant, le moindre doute ſur ce qu'on établit. On verra, au ſecond article de ces recherches, que ce point de droit n'eſt pas moins bien prouvé dans le détail que l'on y fait des procès criminels intentés aux Pairs de France.

Le premier monument eſt pris des lettres-patentes d'érection en Pairie de la comté de Mâcon, en 1359; on (*) y lit : » Et qu'il ne » puiſſe être connu & porté aucun » jugement dans un Parlement du » Roi, ſur leurs perſonnes ou leurs » cauſes, en tant qu'elles touchent, » ou peuvent toucher leur comté ou » bailliage de Mâcon, & le reſſort » d'iceux, dépendances & circonſ- » tances, par qui que ce ſoit, de » quelque autorité, commiſſion ou » pouvoir qu'il ſoit revêtu, mais

[*] Voyez le P. Anſelme, tome III, page 205.

» feulement par les Rois ou les Ré-
» gens du royaume de France , ou
» de leur mandement fpécial , fauf
» le reffort des caufes & affaires ,
» quant aux parties qui touchent fa
» jurifdiction [& qui font portées]
» dans fon propre reffort , lequel
» appartient au Parlement du Roi,
» par voie d'appel, comme il a été,
» & eft encore accoutumé, concer-
» nant les caufes & affaires des au-
» tres Pairs de France «.

*Nec de perfonnis eorum vel caufis
in quantum ad comitatum & balliva-
tum Matis-Connenfem, eorum que ref-
forta vel refforti dependentias vel ap-
pendentias attinet vel attinere poterit,
poffit per quemcumque quacumque,
authoritate commiffione , vel poteftate
fungentes ; fed folummodo per Reges
vel Regentes regnum Franciæ , vel de
eorum fpeciali mandato , in regio
Parlamento cognofci , ac etiam judi-
cari , falvo refforto caufarum & nego-
tiorum quoad partes jurifdictionem
fuam in fuo foro tangentes , per viam
appellationis deducendo ad dictum re-
gium Parlamentum , ficut de caufis*

& negotiis cæterorum Franciæ Parium fuit , & eſt haƈenus conſuetum , &c.

Rien de plus déciſif que ce monument, pour prouver que le Parlement de Paris ne peut connoître des affaires qui concernent le corps & l'état des Pairs, & y porter un jugement, puiſqu'il n'y avoit alors, en 1359, d'autres Parlemens exiſtans, que ceux qui ſe tenoient à Paris, & que la diſpoſition de ces lettres, qui établit, conformément au droit des Pairs, *qu'il ne puiſſe être connu & porté aucun jugement dans un Parlement du Roi ſur leurs perſonnes, &c.*, ne pouvoit par conſéquent regarder alors que les Parlemens ſéants à Paris : mais tout de ſuite, dans les mêmes lettres, les cauſes & les affaires, quant aux parties qui touchent la juriſdiƈion du Parlement du Roi, par voie d'appel, ſont exceptées, *ſalvo reſſorto, &c.* & cette exception jette encore un nouveau jour ſur cette matiere, en expliquant par-là bien clairement l'étendue & les bornes de la juriſdiƈion du Parlement du Roi, rela-

tivement à toutes les différentes
fortes d'affaires des Pairs & de la
Pairie.

Le fecond monument fe trouve
dans le plaidoyer de l'avocat Poignant , pour l'affaire du Comte
d'Armagnac , pour qui on foute-
tenoit , quoiqu'il ne fût pas Pair ,
qu'il devoit jouir des privilèges &
droits des Princes du Sang & des
Pairs de France, étant du fang royal ,
par fa grand-mere, Bonne de Berry.
Sa caufe ne valoit rien ; mais en fou-
tenant une mauvaife caufe, on peut
établir également les vrais principes, & ce n'eft alors que dans l'ap-
plication qu'on péche. L'Avocat
difoit donc dans fon plaidoyer (*) :
» Et c'eft la Cour qui de préfent fe
» tient , laquelle, de fon ordinaire, a
» été établie pour connoître de
» trois chofes ; c'eft à fçavoir , des
» caufes des Pairs de France, *fans
» comprendre les perfonnes* ; des cau-
» fes de régale , & des églifes de
» fondation royale & autres qui les

(*) Voyez Lancelot , *Preuves* , page 767 &
768.

» ont par privilège , & des caufes
» d'appel ; & en ce cas , dit que les
» parens du Roi, *ubi agitur de per-*
» *fonnis* , & en cas criminels , ne
» font contenus , ne compris , & ne
» croit que fous lefdites généralités ,
» l'on les y doit entendre , ni que le
» Roi les y veuille comprendre , ne
» vous , Noffeigneurs , ou la Cour ,
» prendre connoiffance fur eux «.

Peut-on croire que l'on trouvât
un Avocat qui eût l'audace d'inter-
peller MM. du Parlement , & de
leur dire en face qu'ils ne voudroient
pas , ou plûtôt, qu'ils n'oferoient pas ,
[car c'eft le fens de la phrafe] prendre connoiffance des caufes qui touchent la perfonne & l'état des Pairs ,
fi ce point de droit n'eût pas été
inconteftable ; car, de tous les tems ,
les prérogatives de la Cour ont été ,
pour MM. du Parlement , une partie
bien fenfible.

Le plaidoyer de l'avocat Poignant fut inféré dans l'arrêt ; c'étoit
l'ufage alors , & le Parlement n'auroit pas manqué d'y faire rayer ce
que l'on en rapporte , fi ce point

n'eût pas été exact. Il est bon d'obferver que la remarque de cet Avocat n'eft faite que quatre ans après
l'ordonnance de 1453 , qui attri-
buoit au Parlement de Paris les
caufes des Pairs ; [ainfi il en devoit
alors bien entendre & le fens & l'efprit ,] & un an feulement avant le
procès du Duc d'Alençon , fur lequel le Parlement confulté , répond
dans les mêmes principes, comme
on le verra ci-après.

Les lettres - patentes d'abolition
que le Roi Louis XI donne le 30
Mars 1464 (*), à Jean, Duc d'A-
lençon , Pair de France , font le
troifieme monument. Ce Prince y
reconnoît le droit des Pairs, & il ne
peut pas l'énoncer plus clairement.
On y lit : » Et même *par nos lettres-*
» *patentes*, notredit coufin, [le Duc
» d'Alençon] a été ajourné à y [la
» Cour du Parlement de Paris]
» comparoître en perfonne à certain
» jour, pieça paffé, fur peine de
» baniffement de notre royaume,
» & d'être atteint & convaincu def-

[*] Anfelme, tome III, page 271.

» dits cas, confiscation de corps &
» de biens, & ses terres & seigneu-
» ries saisies & mises en notre main,
» jusqu'à ce que par nous, ou notre-
» dite Cour autrement en fût ordon-
» né.... depuis lequel ajournement
» notredit cousin envoyé devers
» nous pour nous remontrer que par
» son privilège de droit de Pairie,
» il n'est tenu de comparoir, sinon
» pardevant nous, comme son seul &
» souverain Juge, & que à nous seul,
» & non a d'autres, appartient la
» connoissance & jugement des cas,
» touchant & concernant sa person-
» ne, en nous requérant très hum-
» blement, que en lui gardant son-
» dit privilège, & *non pas pour con-*
» *temner notredite Cour*, notre plai-
» sir fût d'évoquer pardevant nous
» toutes les causes & instances in-
» troduites & pendantes en notre-
» dite Cour, pour raison des susdits
» cas, & les dépendances d'iceux :
» & à cette cause, avons, par nos
» autres lettres - patentes, évoqué
» icelles causes & instances pendan-
» tes en notredite Cour de Parle-

» ment pardevant nous, au dixie-
» me jour de Février derniérement
» paſſé, pour en ordonner ainſi que
» verrons être à faire par raiſon, &c.

On doit remarquer ici que le Duc d'Alençon n'avoit même été aſſigné à comparoître en perſonne à la Cour du Parlement de Paris, qu'en vertu de lettres-patentes. Ce Parlement avoit déja reconnu, en 1458, dans ſes réponſes à Charles VII (*), la néceſſité de ces lettres, pour pouvoir procéder en matiere criminelle contre un Pair de France, & qu'il ne pouvoit pas en connoître au moins par lui-même ; car quand on lit dans les monumens anciens que nous avons déja cités, que le Roi fera droit aux Pairs dans ſa Cour, par le jugement des Pairs de France, on ſe tromperoit ſi l'on y entendoit par la Cour du Roi (**) le Parlement de Paris : cette expreſſion fait aujourd'hui une équivoque qu'il

____

[*] Voyez la réponſe du Parlement au ſixieme article. Dutillet, *Recueil des rangs des Grands de France*, page 66, in-4to. édition 1618. La premiere Note ci-après, N°. 16, art. 6 & 7.

(**) Voyez la ſeconde Note.

eſt important d'expliquer & de le-
ver, pour ne pas tomber dans l'erreur.

COUR DU ROI,

*Relativement aux Pairs, autre que le
Parlement de Paris.*

CE Parlement n'a été inſtitué,
& n'a enſuite formé une compagnie
telle qu'on la voit préſentement,
qu'après les événemens rapportés
dans la plupart de ces anciens monumens. Avant ſa derniere formation, & l'établiſſement des autres
Cours ſouveraines du royaume, la
Cour de juſtice du Roi ne formoit
point un corps permanent, & ne
formoit pas différentes branches,
comme elle eſt aujourd'hui ; le Roi
ne tenoit point ſa Cour continuel-
lement ; il jugeoit avec ceux qui
lui tomboient, pour ainſi dire, ſous
la main ; c'eſt de cette façon que
Saint Louis tenoit ſa Cour à Vincennes ſous un chêne, ſuivant le

rapport de Joinville ; il n'y avoit
alors aucune compagnie qui pût se
dire la Cour du Roi , & quoiqu'il
y eût beaucoup de gens qui euſſent
la qualité de Conſeillers du Roi ,
aucun d'eux n'avoit droit de venir
ſiéger à ſa Cour, qu'il ne fût mis ſur
le rôle ; il y en avoit un nouveau à
chaque ſéance ; on en tenoit pluſieurs dans l'année, & chaque ſéance faiſoit un nouveau Parlement :
les Conſeillers qui le formoient ,
n'étoient donc que des commiſſaires, qui changeoient , ou pouvoient
changer , ſuivant la volonté du Roi ;
ils étoient tirés ſouvent du Conſeil
du Roi (*) dont il y avoit preſque
toujours quelques membres au moins
placés ſur le rôle du Parlement ; &
comme gens choiſis , ils occupoient
les premieres places à la Cour du
Roi. Ainſi , quand le Roi citoit un
Pair de France à ſa Cour , ce n'étoit
point à une Cour faiſant, comme aujourd'hui , une compagnie toujours

(*) Voyez l'Ordonnance de Philippe-le-Bel
de 1291. *Recueil des Ordonnances du Louvre ,
tome* I , page 320.

ſubſiſtante , puiſqu'il n'en exiſtoit
point alors de pareille ; cette Cour
où le Pair étoit cité , n'étoit point
encore formée ; mais ayant à traiter
une affaire de cette importance ,
elle devoit être compoſée de ceux
qui *pouvoient & devoient juger*, des
Pairs & des Grands-Officiers de
la couronne ; elle devoit être une
Cour majeure, différente de la Cour
ordinaire du Roi , comme on va
l'expliquer ; de façon qu'en ajour-
nant un Pair *à comparoître devant
le Roi & ſa Cour , ſuffiſamment
garnie de Pairs & d'autres ; ſi , comme il appartient*, il n'y avoit là de
juges déterminés que les Pairs de
France , comme juges nés & néceſſaires, & les Grands-Officiers de
la couronne, comme capables d'être
juges ; s'il s'en trouvoit d'autres au
jugement, ce n'étoit qu'autant que
le Roi les y avoit appellés par un
ordre exprès , *ſpeciali mandato* ;
comme cela eſt parfaitement expli-
qué dans l'extrait des lettres-patentes d'érection en Pairie de la comté
de Mâcon, que l'on vient de rap-

porter ; mais ceux-ci ne pouvoient y être que pour l'inftruction du procès, & feulement avec voix confultative : la queftion que l'on agite actuellement, ne pouvoit donc point exifter alors ; elle n'auroit rien fignifié. Mais depuis l'établiffement des Compagnies Cours de juftice, fous le nom de Parlement, celui de Paris n'eft pas plus la Cour du Roi qu'aucun autre Parlement, & qu'aucune autre Cour fouveraine du Royaume. Tous jugent fouverainement comme le Parlement de Paris, & le Roi parle également dans tous leurs arrêts. Philippe-le-Bel fe propofa d'établir en même temps deux Parlemens, l'un à Paris, l'autre à Touloufe, les Grands-Jours de Troyes & l'Echiquier de Normandie ; toutes ces Cours devoient avoir un pouvoir égal ; le Parlement de Touloufe eut lieu même dès 1302 [*] quelques années avant celui de Paris. Cependant, comme le Parlement de Touloufe fut difcontinué, qu'alors aucun Parlement n'avoit la

(*) Voyez la Roche-Flavin.

forme qu'il a aujourd'hui , & que celui de Paris , quoique long-temps après , a le premier formé une compagnie , il eſt réputé le plus ancien & le premier de tous les Parlemens du royaume, étant d'ailleurs celui de la capitale avec le reſſort le plus étendu. Il a de plus des prérogatives que les autres Parlemens n'ont point ; mais ce n'eſt qu'en vertu d'ordonnances , ou de lettres-patentes qui les lui donnent expreſſément ; dans ſon eſſence il n'a rien de différent des autres Parlemens. Le Roi peut en augmenter , ou en diminuer le nombre ; il peut donc tenir ſa Cour où il lui plaît & avec qui il lui plaît , avec les ſeuls Pairs de France & les Grands Officiers de la couronne, & il la tient alors d'une façon diſtinguée , dont elle tire ſa dénomination de Cour des Pairs , dans ſon ſens propre , différente de la cour des Pairs, comme ſe qualifie improprement le Parlement de Paris.

GRAND

GRANDE COUR,

Cour majeure, différente & distinguée
de la Cour ordinaire.

ON diſtinguoit autrefois la Cour du Roi en Cour majeure [*], en grande Cour, *Curia major, magna Curia*, & en Cour ordinaire; cette diſtinction ſe prenoit de la qualité des perſonnes qui formoient la Cour, & de la nature des affaires qu'on y devoit traiter : la Cour ordinaire ne connoiſſoit que des affaires contentieuſes, particulieres, & de moindre importance ; les grandes cauſes étoient réſervées [**] au Roi, & ſa cour alors étoit nommée majeure, par la raiſon qu'elle n'étoit principalement garnie & formée que de Pairs, de Prélats, de Barons, &

(*) Voyez la ſeconde Note & les Nos. 2 , 4, 5 , 7 , 8 , de la 5e. note.

(**) Voyez l'Ordonnance du 17 8bre. 1318, de Philippe-le-Long ; celle de Charles V , 22 Juillet 1370.

D

des gens du Conseil du Roi. Il n'y
avoit guere qu'eux dans les premiers
temps qui siégeassent à cette grande
Cour que le Roi tenoit en personne ;
on voit ensuite qu'il y faisoit venir
plusieurs Conseillers de la Cour ordinaire du Parlement, quelquefois
la Grand'Chambre seule, d'autrefois tout le Parlement, principalement quand ceux qui le composoient, se trouverent être gens de loi,
capables de guider dans les formes
qu'ils connoissoient mieux que les
Barons ; mais ils ne pouvoient avoir
que voix consultative, non-seulement devant le Roi, mais aussi devant les hauts Barons, en l'absence
du Roi, comme nous l'avons déja
montré par l'Ordonnance de 1294,
ou 1296. Les régistres du Parlement font foi de ce que l'on avance, & Dutillet en rapporte plusieurs
exemples dans le *Recueil des Rangs*,
à commencer à la page 50. On peut
encore observer dans le même ou-
vrage, ces expressions qui y sont ré-
pétées : *Le Roi tint sa Cour en Par-*
lement , tint son Parlement en la

chambre du *Parlement*, & qui montrent encore la diftinction que l'on établit ici. On peut auffi en voir une à peu près femblable, à la Cour de juftice des Barons; lorfqu'il étoit queftion des affaires ordinaires, leur Baillif tenoit leur Cour; mais quand les affaires regardoient les Pairs du fief (*), ces derniers la formoient. Tous les Parlemens du Royaume, fans en excepter celui de Paris, ne peuvent jamais être, par leur compofition, que la Cour ordinaire du Roi. Dans le temps où il n'y avoit que douze Pairs de France, le Roi tenant fa Cour avec eux & les Grands Officiers de la couronne, la Cour des Pairs eût été plus nombreufe que le Parlement de Touloufe dans fon établiffement, qui n'étoit compofé que de 14 Membres; & même aujourd'hui avec les Princes & les Pairs, tant lais que clercs, la Cour des Pairs feroit encore plus nom-

(*) Voyez *Recherches hiftoriques fur les Cours qui exerçoient la juftice fouveraine de nos Rois. Par M. Gib. Mémoires de l'Acad. des Belles-Lettres, tom.... année* 1763.

breuſe que pluſieurs Parlemens du Royaume. Mais quand même le Roi établiroit qu'à l'avenir il entend tenir toujours ſa Cour des Pairs au Parlement de Paris, même pour juger les Pairs en leur perſonne & leur état, ce tribunal ne ſeroit encore alors que pour l'inſtruction du procès, le Roi ne pouvant lui accorder la voix délibérative, ſans détruire, comme on l'a déja fait voir, la Pairie dans ſon eſſence, [dignité qui eſt attachée à la conſtitution du Royaume, & que nos Rois ont regardée comme l'ornement & le ſoutien de leur couronne] & ſans manquer aux engagemens ſolemnels que les Rois, ſes prédéceſſeurs, ont pris de ne juger les Pairs à leur Cour, que par le jugement ſeul des Pairs ; engagemens qu'il a confirmés & pris lui-même par toutes les lettres-patentes d'érection de Pairie qu'il a données, par leſquelles il établit les nouveaux Pairs dans tous les droits & dans toutes les prérogatives dont jouiſſoient les anciens.

Comme le Parlement de Paris

veut être ce qu'étoient les anciens Parlemens généraux du Royaume, ou prétend au moins les avoir remplacés, & qu'à ce titre il a le droit de juger les Pairs de France, on est obligé, pour détruire cette erreur, de remonter à son origine, & d'expliquer sa nature ; on verra qu'il ne peut se servir de ce prétexte pour se dire Juge des Pairs touchant leur personne.

DE L'ORIGINE

Et de la nature du Parlement de Paris.

Quelque respectable que le Parlement puisse être par son ancienneté & par ses fonctions, il n'est institué que pour le fait de la justice ordinaire, & non pour les affaires d'Etat : c'est ainsi que s'expriment les Chanceliers Olivier & de l'Hopital, les premiers Présidens de la Vaquerie & de Harlay, &

(54)

tant d'autres ; nos Rois même dans différentes occasions. Tous ces témoignages respectables se trouvent conformes aux monumens de notre histoire, qui nous font toujours distinguer la Cour de justice de nos Rois, des assemblées générales de la Nation [*]. Quand on parle ici de l'établissement des Parlemens, on ne veut parler que de ces compagnies formées par nos Rois pour rendre la justice ; car on sçait que long-tems avant cette époque, nos Monarques tenoient leur Cour en Parlement ; mais la qualité & le nombre des personnes qui étoient appellées, toujours déterminé par la fin que le Roi se proposoit, en faisoient un Parlement, Cour de justice, ou dans les premiers tems, un Parlement de la nation pour traiter les affaires d'état, & pour la législation. Ce sont les différentes acceptions de ce mot *Parlement* qui occasionnent toutes les erreurs dans les-

____

(*) Voyez *Recherches Historiques*, &c. par M. Gibert. *Mémoires de l'Académie des Inscriptions & Belles-Lettres*, année 1763.

quelles on tombe de bonne foi, ou
qui fervent de fondement aux prétentions qu'on veut faire valoir aujourd'hui. Ce n'eft guere que vers
le regne de Louis VIII, que l'on
voit la Cour de juftice du Roi, être
nommée Parlement. Tous les hauts
Barons de France, & principalement les Pairs, devoient au Roi le
fervice dans fa Cour pour l'admi-
niftration de la juftice ; mais afin de
remplir cet objet, il n'étoit pas néceffaire de les affembler tous, comme, lorfqu'il étoit queftion de ftatuer
quelque chofe fur les affaires générales. Ce Parlement, Cour de juftice, n'étoit donc compofé anciennement que de deux ou trois hauts
Barons, autant de Prélats, d'une
trentaine de Confeillers, tant Laïs
que Clercs ; cette affemblée faifoit
feule ce qu'on nommoit alors le
Parlement, les Chambres des Enquêtes & des Requêtes en étoient
diftinguées & féparées. Les Prélats
& hauts Barons préfidoient le Parlement, fans avoir la dénomination
de Préfidens ; les Confeillers Laïs

étoient toujours Gentilhommes Vaffaux des hauts Barons, & il n'y avoit
alors d'autre nobleffe que celle d'é-
pée ; tous les Clercs étoient ecclé-
fiaftiques du fecond ordre, pris la
plupart dans les différens chapitres.

Pour continuer de donner une
idée de l'hiftoire du Parlement ,
Cour de juftice ; il faut rapporter le
changement notable qui arriva à fa
formation. Ses féances devenant plus
régulieres , & demandant plus d'af-
fiduité, les hauts Barons trouverent
le moyen de fe débarraffer d'un fervice trop gênant pour eux ; d'un
autre côté, le Roi Philippe-le-Long,
dans fon ordonnance de 1319 , ex-
clut les Prélats du Parlement ; il y
eft dit : » Car le Roi fait confcience
» de eux empêcher au gouverne-
» ment de leurs fpiritualités «. Vingt-
cinq ou trente ans après cette époque, on voit nos Rois choifir d'autres perfonnes que les Barons & les
Prélats pour préfider leur Cour ,
avec le nom de Préfident : la nobleffe, avec le tems, quitta auffi le
Barreau, par les raifons que tout le

monde fçait, & céda la place aux Légiftes que le mérite de quelques-uns avoit introduit dans le Parlement. Nous avons déja obfervé que l'ordonnance de 1294 ou 1296, nous apprend que les fimples Confeillers du Parlement n'avoient guere, ainfi qu'en préfence du Roi, que voix confultative vis-à-vis des Prélats & Barons, quand ces derniers préfidoient le Parlement ; il eft donc apparent que les Confeillers n'acquirent la voix délibérative qu'ils ont aujourd'hui, que depuis la retraite des Prélats & Barons, lorfqu'ils furent préfidés par gens de condition à peu près pareille à la leur, recevant comme eux des gages, ce que ne faifoient pas les Prélats & Barons. Cette Cour de juftice, jufqu'au regne de Charles VI, ne fiégeoit pas fans interruption, chaque féance, qui étoit de deux, trois ou quatre mois, quelquefois plus, quelquefois moins, faifoit un nouveau Parlement. » A chaque ou- » verture, dit Pafquier, le Roi décer- » noit nouvelles lettres-patentes en

(58)

» forme de commiſſion, avec une liſte
» de ceux qu'il vouloit avoir ſéance,
» & n'étoit pas dit que celui qui
» avoit été appellé au précédent, y
» eût lieu au ſubſéquent, ſinon qu'il
» fût compris dans le rôle qu'on y
» envoyoit «. Dutillet rapporte pluſieurs de ces rôles qui prouvent ce
que Paſquier avance ici , & ce que
l'on vient de dire de la formation du
Parlement ; on voit encore par là
que le Parlement n'étoit compoſé
alors que de Commiſſaires ; & ces
Commiſſaires, depuis que les hauts
Barons ne préſiderent plus le Parlement , & que la Nobleſſe s'en re-
tira, ne furent preſque plus ſucceſ-
ſivement que des Légiſtes : la Grand'-
Chambre , qui , comme on la déja
dit, faiſoit ſeule ce qu'on nommoit
le Parlement, ne devoit pas excéder
le nombre de trente-trois membres ,
y compris trois Préſidens. Si on voit
aujourd'hui le Parlement ſi fort aug-
menté , principalement depuis la
vénalité des charges , cet excès a
toujours été regardé comme un abus
& un déſordre dans cette partie, que

nos Rois ont plusieurs fois cherché à corriger, & souvent sur les représentations les plus vives des Etats généraux. Ainsi, en considérant la Cour de justice du Roi dans ce qu'elle est en elle-même, & en la prenant dans le temps de sa formation la plus distinguée, trois hauts Barons, autant de Prélats, avec trente autres membres Gentilhommes ou Clercs, pouvoient bien former une Cour ordinaire de justice, pour traiter les procès de moindre importance ; mais les constitutions fondamentales du royaume s'opposoient à ce que cette Cour de justice se mêlât de la législation : ce petit nombre de Prélats, de Barons, de Gentilhommes & de Clercs n'étoient point, & ne pouvoient jamais représenter eux seuls tous les Grands de la Nation assemblés avec le Roi, pour faire les loix, par leur avis & par leur consentement : on ne voit nulle part leur pouvoir à cet égard. Philippe-le-Bel reconnoît, dans une ordonnance de 1303, que même avec un plus grand nombre de Pré-

lats & de Barons qu'il n'y en avoit
dans le Parlement, il ne pouvoit
guere que provisoirement faire une
ordonnance générale pour tout le
royaume, & que, suivant les constitutions de la monarchie, il lui falloit rassembler tous les autres Barons & Prélats. Cette ordonnance
dit (*): » Philippe, par la grace de
» Dieu, &c... eus sur ce délibé-
» ration & conseil avec nos Amez &
» Féaux, Gilles, Archevêque de
» Narbonne, P. d'Auxerre, & J. de
» Meaux, Evêques; Charles & Louis,
» nos très-chers freres ; Robert, Duc
» de Bourgogne ; Henry, Comte
» de la Marche ; Gauchier de Cha-
» tillon, Connétable de France ;
» Jean de Dampierre, & plusieurs
» autres nos Barons, desquels les
» noms sont ci-dessus écrits, pour
» ce que nous ne pouvons pas avoir
» à cette délibération nos autres
» Prélats & Barons du royaume, si-
» tôt que la nécessité le requéroit &
» requert : Nous, avec nosdits Pré-

(*) *Recueil des rangs des Grands de France*, p.
35. Dutillet, Edit. de 1618, in-4to.

» lats & Barons, avons accordé &
» ordonné, &c.....«

Si on prend le Parlement Cour
de juſtice dans le temps plus moderne, où elle n'eſt preſque compoſée
que de Légiſtes, on peut encore
moins imaginer qu'une compagnie
ainſi forméepuiſſe jamais, dans notre
monarchie, ou dans aucune autre ,
être faite pour la légiſlation ; cette
idée répugne par elle·même, & eſt
démentie par nos monumens ; on y
voit que le Parlement de Paris n'é-
toit que la Cour ordinaire de juſtice,
ſuivant la diſtinction qu'on en a déja faite, que les affaires contentieuſes de quelque importance étoient
même réſervées au Roi, qu'alors ces
affaires n'étoient encore ſouvent
traitées qu'avec les ſeuls Barons &
Prélats ; mais quand on leur joint
pluſieurs membres ordinaires du
Parlement , ou le Parlement en entier, ils en ſont toujours diſtingués.
On lit dans ces monumens cette expreſſion (*) : Les Prélats, Barons &
le Parlement ; cette particule con-

____

(*) Voyez la cinquieme Note.

jonctive &, montre que les hauts Barons & les Prélats ne font pas la même chofe que le Parlement Cour de juftice ; fi cependant le Parlement de Paris étoit l'ancien Parlement de la Nation, il renfermeroit les Prélats & les Barons qui le formoient effentiellement, & il fuffiroit de nommer fimplement le Parlement pour défigner en même temps les Prélats & Barons qui feroient compris dans cette dénomination. Lorfque l'on parle du Parlement d'Angleterre, qui eft véritablement un Parlement national, on ne s'avife pas de dire les Ducs, les Comtes, les Barons, les Prélats, & le Parlement ; on dit feulement le Parlement d'Angleterre, & dans ce mot on en renferme tous les différens membres.

L'exclufion des Prélats du Parlement de Paris, ainfi que la retraite des hauts Barons, que nos Rois regardent, & annoncent toujours les uns & les autres comme leurs coopérateurs néceffaires dans la légiflation, font donc encore de nouvel-

(63)

les preuves que le Parlement n'eſt
qu'une Cour ordinaire de juſtice;
car , d'un côté, ſi nos Rois ne pouvoient , ſuivant leur propre aveu ,
régler les affaires d'Etat qu'avec
les Prélats & Barons du Royaume,
ſi les uns & les autres ſe trouvoient
nommés dans les ordonnances (*),
comme partie néceſſaire à la légiſlation ; & d'un autre côté, ſi une
partie auſſi conſidérable du Baronnage, étoit exclue du Parlement de
Paris, cela prouve que ce Parlement, Cour de juſtice, n'étoit pas le
lieu où devoient ſe traiter les affaires d'Etat & la légiſlation. Ce qui
paroîtra d'autant plus évident , ſi
on veut bien faire attention que les
Rois ont continué depuis d'appeller
les Prélats & les Barons (**) quand il
a été queſtion des grandes affaires
du royaume, ſans y joindre le plus
ſouvent MM. du Parlement. Les
Rois cependant , dans ces temps
anciens , ne prenoient l'avis & le

(*) Voyez le *Recueil des ordonnances du Louvre.*
(**) Voyez la troiſieme Note & les Nos. 2, 5,
7, 8, 9 de la cinquieme.

conſentement des Prélats & Barons
que dans les ordonnances qui tenoient à la conſtitution de l'Etat , &
qui regardoient les impoſitions à
mettre ſur tout le royaume, ou autres ſemblables; ils rendoient dès-
lors, avec l'avis ſeul de leur Conſeil ,
les ordonnances purement d'adminiſtration , principalement celles de
réglement de diſcipline, ou d'établiſſement concernant leurs Parlemens, ou leurs Cours , parce que les
Officiers qui les compoſoient , ne
tenoient que d'eux leur pouvoir ,
& n'appartenoient qu'au Roi , pour
rendre, en leur nom , la juſtice aux
particuliers , en qualité de Conſeillers , de Juſticiers , ou de Gens tenant leur Parlement , ou leur Cour ,
les ſeules qualités qui leur ſoient
données dans les ordonnances ; c'eſt
ce que l'on voit , pour ainſi dire, à
chaque page, dans le Recueil impri-
mé au Louvre , où le plus grand
nombre des ordonnances eſt de cette
derniere eſpèce.

La ſéance que les Pairs de France vont prendre , quand il leur plaît ,
au

au Parlement dans ſes ſéances ordinaires, ne détruit rien de ce que
l'on établit ici; ils ne compoſoient
pas ſeuls tout le Baronnage, quoiqu'ils en fiſſent la partie la plus diſtinguée. Mais pour bien connoître
le rapport des Pairs de France avec
la Cour de juſtice du Roi, il eſt
néceſſaire de diſtinguer les différens droits des Pairs. 1°. Ceux qui
regardent le ſacre des Rois, avec
tout ce qui y tient, & qui ſont étran-
gers à notre ſujet. 2°. Le droit qui
leur étoit commun, avec tous les autres Barons & Prélats du royaume,
de concourir avec le Roi pour faire
les loix par leur avis & par leur conſentement : celui-ci n'a encore nul
rapport avec l'adminiſtration de la
juſtice , avec le Parlement, Cour
de juſtice. 3°. Enfin, le droit qu'ont
les Pairs, comme aſſeſſeurs nés du
Roi dans l'adminiſtration de la juſtice, de ſiéger dans toutes ſes Cours
de juſtice : ce dernier droit fait ſeul
le rapport des Pairs avec le Parlement; mais il faut obſerver que lorſ-
qu'ils en vont jouir de ce droit au

Parlement de Paris, ou dans toute autre Cour souveraine, ils ne changent pas, par leur préfence, la nature des Cours où ils fiegent; ils ne font là alors que des juges, & ils ne font pas en lieu où ils aient jamais pu exercer les droits qu'ils peuvent avoir à la légiflation, & qu'ils ne pouvoient exercer qu'avec le Roi & les autres Barons & Prélats du royaume.

Pour fçavoir où fe trouve l'affemblée qui, par fes avis & par fon confentement, peut participer à la légiflation, on ne peut pas s'arrêter à la dénomination de Parlement, qui eft bien capable de jetter dans l'erreur, mais à la qualité des perfonnes qui doivent compofer l'affemblée. Les Pairs, les hauts Barons, les Prélats & quelques Abbés, étoient les feuls qui puffent la former avec le Roi; quelques Légiftes y ont été quelquefois admis; mais on ne peut pas les compter; il faut regarder cette diftinction comme un hommage rendu au mérite & à la vertu.

L'introduction des Légiftes dans

le Parlement , Cour de juſtice ,
commença vers le milieu du qua-
torzieme ſiecle ; elle eut tout ſon
progrès dans le courant du quin-
zieme. Ce fut alors que l'on vit ſe
former dans l'Etat une nouvelle
claſſe de citoyens. MM. du Parlement, ne voulant point que leurs
membres fuſſent confondus avec le
tiers Etat , demanderent & obtin-
rent, ſous le regne d'Henri ſecond ,
que les gens de juſtice & des finan-
ces fiſſent un nouvel ordre aux
Etats de 1558 ; c'eſt la ſeule fois cependant qu'il y eut quatre ordres à
ces aſſemblées de la nation : MM.
du Parlement ſentirent la faute qu'ils
avoient faite de s'établir comme un
ordre inférieur & différent de celui
de la nobleſſe, avec lequel ils pouvoient ſe flatter de ſe confondre &
de s'unir par la ſuite , exerçant des
fonctions véritablement nobles.

Une aſſemblée ou une compagnie
compoſée de ſujets qui ne peuvent
prétendre qu'au troiſieme ordre de
l'Etat, ne ſçauroit donc ni remplacer , ni repréſenter les deux pre-

miers ordres qui formoient feuls nos
anciens Parlemens; elle peut encore
moins s'arroger, dans la légiflation,
des droits qui l'en rendroient abfo-
lument la maîtreffe ; fi l'enrégiftrement étoit le complément de la loi,
MM. du Parlement deviendroient
les vrais légiflateurs ; car ce font
ceux qui donnent le dernier fcéau à
la loi, qui la font véritablement. Ils
feroient donc dans l'Etat au deffus
des Rois même. En Angleterre, les
chambres du Parlement ballotent
un bill, ils le préfentent enfuite au
Roi qui peut le rejetter; mais du
moment que le Roi l'a figné, la loi
eft faite. C'eft ainfi que nos Rois,
après avoir eu l'avis & le confentement des Prélats & hauts Barons,
comme feuls légiflateurs, en prenant le mot *légiflateur* dans fon fens
littéral, portoient la loi dans une
ordonnance où cet avis & ce confentement étoient exprimés. Les
Etats-généraux préfentoient au Roi
leurs cahiers, qui renfermoient le
vœu de la nation ; le Roi mettoit à
côté de chaque article, accordé ou

refufé ; & de ceux qui étoient ac-
cordés, il en faifoit une ordonnance
qui portoit le nom du lieu où les
États s'étoient affemblés : c'eft de-là
que vient le nom qu'on donne aux
ordonnances de Blois, d'Orléans,
de Tours, de Moulins, &c. ; de ce
moment la loi étoit faite ; il n'étoit
plus queftion que de fa promulgation, dont on chargeoit communé-
ment le Prévôt de Paris, & les
Baillifs ou Prévôts des autres villes,
ou leurs Lieutenans (*) ; on ne les
envoyoit que rarement au Parlement, à moins que ce ne fuffent
des ordonnances concernant la juftice ; alors la promulgation fe faifoit
en lifant la loi, & la publiant fur
l'efcalier même du Palais, ou à
l'audience. Depuis, nos Rois ont
ordonné à leurs Cours de juftice
d'en tenir regiftre ; mais cet enrégiftrement n'a pu avoir d'autre
fin, que de conferver la loi, & de
l'empêcher de tomber dans l'oubli :
ce motif eft exprimé dans les pre-

(*) Voyez le Recueil des Ordonnances im-
primées au Louvre.

mieres ordonnances, où l'enrégiftrement eft ordonné. On lit dans celle
de Charles VI, touchant la formation & la difcipline du Parlement,
donnée à Paris, au Louvre, l'an 1388.
» Si donnons en mandement à nos
» amés, & féaux gens de notredit
» Parlement, que cette préfente or-
» donnance, ils faffent lire & pu-
» blier en notre Parlement, & icelle
» enrégiftrer, afin de perpétuelle
» mémoire «.

Enfin le pouvoir qu'ont les gens
de Parlement, ils le tiennent en entier du Roi, (eux-mêmes le recon-
noiffent expreffément) ; pouvoir
bien différent de celui des Prélats &
Barons, qui tenoient le leur de la
conftitution même de l'Etat, pour
concourir avec le Roi à la légiflation
par leur avis & leur confentement.
MM. du Parlement n'ont reçu d'ailleurs aucun pouvoir de la Nation ;
ils ne peuvent donc agir en fon nom,
ni pour elle, ni au lieu d'elle ; ainfi
on ne peut trouver en eux la moindre partie d'autorité que le Roi n'auroit pas lui-même ; d'où il s'enfuit

que le Roi, qui n'auroit pas le pouvoir de faire telle ordonnance , tel
édit , ou telle déclaration , n'ac-
querroit pas ce pouvoir par le fuf-
frage des gens de fa Cour , de gens
qui n'ont d'autre autorité que celle
qui leur vient du Roi. La lecture ,
la publication , l'enrégiftrement ,
n'ajoutent donc rien à la force de la
loi ; ils ne fervent qu'à fa promulgation. MM. du Parlement ne peuvent donc , fans renverfer l'ordre
des chofes, prétendre , par l'enrégiftrement, avoir part à la légiflation. S'ils délibérent , s'ils font des
remontrances fur les Édits, déclarations & ordonnances qui leur font
adreffées , ce n'eft que par la permiffion que le Roi leur en donne ;
& alors les remontrances font pour
eux un devoir à remplir , & non un
droit à exercer. Il n'y a aucune raifon d'imaginer que le refus de la part
d'un Parlement , Cour de juftice,
d'enrégiftrer un Edit , une déclaration , ou une ordonnance du Roi,
peut avoir , pour arrêter la loi, la
même force qu'avoient le *Veto* des

Tribuns du Peuple Romain, ou le *Liberum veto* des Gentilhommes Polonois : outre l'incapacité qui se trouve dans la qualité des personnes, ce seroit tomber dans l'anarchie, si quinze Parlemens, ou Cours supérieures avoient, chacun séparément, le droit d'accepter, ou de refuser une loi qui doit être générale.

Le Parlement de Paris, Cour de justice, est donc différent des anciens Parlemens composés des hauts Barons & des Prélats, dans lesquels sont compris les Pairs de France, & qui, représentant & formant, avec leurs vassaux, toute la puissance territoriale du royaume, faisoient avec le Roi les loix, & gouvernoient l'Etat (*). Dans la troisieme Race, les assemblées nationales ont perdu ce nom de Parlement, qui a été donné depuis aux compagnies formées par nos Rois pour rendre la justice. On voit St. Louis dire au Pape : Qu'il ne peut rien résoudre touchant la guerre que le Pontife lui proposoit de faire à l'Empereur,

(*) Voyez la troisieme Note.

fans l'avis & le confentement des
Prélats & Barons de fon royaume ;
il ne répond point qu'il eft obligé
d'en confulter avec fon Parlement ;
ce mot ne fignifie guere plus ce qu'il
avoit exprimé autrefois. Mais quelque nom qu'on emploie pour défigner une affemblée d'hommes, c'eft
la qualité des perfonnes qui fait le
principe des droits, & de l'autorité
qu'elle peut avoir, & qu'elle peut
exercer. Les Pairs de France, les
hauts Barons & Prélats jugent eux
feuls dans les grandes caufes, fans
qu'il y foit queftion des Officiers du
Parlement de Paris; ils donnent la
régence à Philippe-le-Long; le trône à Philippe de Valois, fur Edouard
III, Roi d'Angleterre, fon compé-
titeur; ils reglent, avec Charles V,
la majorité de nos Rois (*).

Le ferment des Officiers du Parlement de Paris, comme le ferment
de ceux des autres Parlemens, cir-

(*) Voyez Froiffart, Mezeray, Daniel, Villa-
ret & autres. Voyez ci-après la deuxieme & la
troifieme Notes, les Nos. 2, 5, 7, 8, 9, de
la cinquieme Note.

conscrit l'étendue de leurs pou-
voirs , & désigne les objets de
leurs fonctions , qui ne regardent
que la justice ordinaire ; ils jurent
seulement de la rendre aux pauvres
comme aux riches ; de garder les
ordonnances (c'est-à-dire , de les
observer dans leurs jugemens) , &
de tenir closes & secretes les déli-
bérations de la Cour ; au lieu que le
serment des Pairs présente d'autres
objets , spécialement celui » d'assis-
» ter le Roi dans ses très-hautes ,
» très-grandes & très-importantes
» affaires, qui concernent celles de
» l'Etat.

Voilà une distinction bien marquée , qui prouve que les fonctions
des Pairs doivent être autres que
celles des Officiers des Parlemens,
& qui met une grande différence
entre les Pairs & les Officiers du
Parlement de Paris, la Cour des
Pairs & ce même Parlement.

PAIRIE.

La même dans tous les tems.

LA Pairie a été de tous les tems la premiere dignité du royaume ; elle n'a point changé de nature depuis les douze anciennes Pairies jusqu'aux plus modernes ; dans le nombre des six anciennes Pairies laïques, il n'y avoit que celle de Bourgogne qui fut possédée par une branche du sang Royal: ce fut peut-être pour cette raison qu'elle fut placée la premiere, quoiqu'elle fût moins considérable par son territoire & par sa puissance, que celles de Normandie & de Guyenne. Les Rois les ont toujours regardées comme le soutien de leur couronne, tellement, que lorsqu'elles s'y sont trouvées presque toutes réunies par différens événemens, ils ont jugé nécessaire à la constitution de l'Etat, d'en créer de nouvelles; ce fut dans les premiers tems aux fils de France & aux Princes du Sang qu'ils les conférerent, tant cette dignité n'étoit faite que pour ce qu'il y avoit de plus grand dans le royaume ; la haute nobleſſe conſidérée pour ſes grands exploits, pour les importans ſervices qu'elle rendoit, pour l'ancienneté d'une extraction que pluſieurs Maiſons tiroient des grands Vaſſaux égaux aux Souverains, ne fut pas jugée par nos Rois, indigne d'un tel honneur : les hauts Barons y eurent donc part ; le Comte de Foix, de la Maiſon de Grailli, & le Comte d'Armagnac furent faits Pairs de France ; l'un par Charles VII, ſous ſon titre de Comte de Foix, & l'autre ſous celui de Duc de Nemours, par le Roi Louis XI. Louis XII fit Pair le Comte de Nevers Engilbert de Cleves, quoiqu'étranger, en conſidération de ſes alliances avec les branches de Bourgogne & de Bourbon. En 1519 Artus de Gouffier, Grand Maître de France, & Claude de Guiſe, en 1527, furent créés Pairs de France par François I. On lit dans les lettres-patentes accordées à Artus de Gouffier, *afin de plus décorer & élever lui & sa Maison*; & dans celles de Claude de Guise, frere du Duc de Lorraine, *afin de plus décorer, élever & exalter lui & sa Maison*. La Pairie est donc en France le plus grand objet d'ambition, & le plus haut rang où l'on puisse monter.

François I. voulant, en 1523, faire honneur au Duc d'Albanie, frere du Roi d'Ecosse, le fit siéger entre le Duc d'Alençon & l'Evêque de Langres; mais il déclara que c'étoit pour cette fois seulement; il ordonna que l'Evêque de Langres & les autres Pairs de France seroient dorénavant en ses Cours & Conseils les premiers & les plus prochains de sa personne, selon l'ordre & la dignité desdites Pairies, & qu'il en fût fait régistre. Henri II, en 1551, fait Pair de France Anne de Montmorenci; on voit ensuite élevés au même *comble d'honneur*, les Ducs de Penthiévre, Luxembourg, d'Yves, de Joyeuse, d'E-

pernon, d'Halwin, Ventadour, Le-
vis, de Rohan, &c.

Il y auroit de la témérité & de la
légéreté à objecter aux Pairs qu'ils
ont tort de vouloir se comparer aux
anciens Pairs. Pour démontrer que
cette comparaison n'a rien que de
juste dans son objet, qui ne regarde
que la parité de dignité & de fonctions, & non de puissance territoriale, il suffira de dire que les Princes du Sang, égaux au moins par
leur naissance & par le rang qu'ils
ont aujourd'hui, aux anciens Pairs,
sont comptés parmi les Pairs modernes. D'ailleurs les anciens Pairs
ne dédaignoient pas d'admettre,
pour leurs Collégues les mêmes
Pairs ecclésiastiques qui forment encore aujourd'hui une partie toujours
subsistante de la Pairie des premiers
siecles, & qui tiennent, pour ainsi
dire, les anciens Pairs d'une main,
& les modernes de l'autre. On voit
dans une lettre (*) de Philippe-le-
Bel au Pape Clément V, que la

____

(*) Anselme T. 2. P. 145.

Pairie la plus petite par son territoire, n'étoit pas moins considérable que les autres pour sa dignité.
Le Roi, en parlant de la Pairie de
Lâon , mande au Pontife *que, quelque pauvre qu'elle soit en biens & en
domaines, elle est regardée comme tenant le premier rang de noblesse, à cause
du Parage du royaume dont elle est
dotée , & que l'honneur de cette Pairie
fait partie de son propre honneur & de
celui du royaume.*

Les droits des Pairs ecclésiastiques
ne sont point changés ; ils en jouis-
sent avec les Pairs modernes, comme ils en jouissoient avec les anciens , dont *la diminution défigu-
roit l'État*, pour se servir des expressions que les Rois ont eux-mêmes
employées dans les lettres patentes d'érection des Pairies nouvelles ;
celles qu'ils ont données depuis Philippe - le - Bel , jusqu'à présent, sont
toutes semblables entre elles , &
toutes pour faire jouir les nouveaux
Pairs des mêmes droits & des mêmes
prérogatives que possédoient les
anciens. Les droits d'un Pair con-

fiſtent principalement à aſſiſter le
Roi dans ſes très-hautes, très-grandes, & très-importantes affaires, &
à n'être jugés que par ſes Pairs : on
demande ſi les Princes du ſang &
les grands Seigneurs du royaume,
revêtus de la premiere dignité, ne
ſont pas faits pour poſſéder de pareils droits ? C'étoit le droit commun de n'être jugé que par ſes
Pairs ; les ſeuls Pairs de France ont
conſervé dans ce pays-ci, ce droit
précieux, qui ſubſiſte encore dans
pluſieurs Etats de l'Europe ; vou-
droit-on aujourd'hui le leur enlever ?
Ne devroit - on pas plutôt regarder la Pairie comme l'arche où il
eſt heureuſement préſervé de ſon
anéantiſſement, & où la nobleſſe,
& tout citoyen pourront un jour le
retrouver ? Ce ſeroit certainement
le détruire, que d'admettre les prétentions du Parlement de Paris,
ainſi que celles des autres Parlemens
du royaume. On ne peut qu'être
dans l'étonnement, de voir que pluſieurs Pairs paroiſſent le négliger.
A Dieu ne plaiſe qu'ils ſe trouvent
jamais

jamais dans le cas de le réclamer,
(ce qu'ils feroient peut-être alors);
mais s'ils ne vouloient pas en jouir,
ne feroient-ils pas toujours libres
d'y renoncer, sans contribuer, dès à
préfent, à l'anéantir pour tous les
Pairs ? Ils ont d'autant plus de tort,
qu'ils n'en reçoivent aucun de l'attachement des autres Pairs à leur
droit ; car il faut le réclamer pour
en jouir, & chaque Pair peut toujours y renoncer : de quelque façon
qu'il penfe, il ne court donc aucun
rifque à le laiffer reconnoître. Les
Pairs qui y font attachés, ne for-
cent pas les autres Pairs à le réclamer ; ceux-ci ne doivent donc pas,
de leur côté, vouloir forcer tous
les Pairs à l'abandonner, puifqu'il
ne leur en arrive aucun dommage :
un pareil procédé feroit évidemment injufte.

ARTICLE II.

Les Procès faits dans tous les tems aux Pairs de France , touchant leur perfonne & leur état, & les Actes qui concernent ces Procès, prouvent que les Pairs ne peuvent être jugés , touchant leur perfonne & leur état, que par leurs Pairs , & le Roi en perfonne.

Tous les jugemens des procès, concernant la Pairie & les Pairs dans leur perfonne & leur état, que l'on trouve rapportés dans nos hiftoires, font du commencement du 13.me. fiecle, jufqu'au 18me. ; avant que d'en faire l'analyfe dans laquelle on verra établi le droit des Pairs, de n'être jugés que par leurs Pairs, ce qui prouvera par conféquent que les Parlemens ne peuvent être leurs juges; il eft bon de remarquer que la Cour du Roi, dans les premiers tems, n'étoit qualifiée, dans aucun sens, *Cour des Pairs*, sans que les Rois les y eussent convoqués, & sans qu'elle fût formée par les Pairs : il y a plus, on trouve que les Pairs tenoient seuls leur Cour sans le Roi, & rendoient des jugemens en leur nom. Dutillet (*) en cite trois remarquables.

Ces faits démontrent encore ce que l'on a déja avancé, que la Cour des Pairs, proprement dite, comme Cour féodale, doit être distinguée de la Cour ordinaire du Roi : ceux qui sont attachés aux loix fondamentales, ne peuvent qu'approuver qu'on remonte aux sources & aux anciens usages, pour bien connoître la nature des choses. On voit ensuite, dans un tems plus moderne, & principalement depuis le procès du Duc d'Alençon, que les Rois, dans les affaires criminelles des Pairs, sont assez en usage de convoquer, & d'aller tenir eux-mêmes la Cour des Pairs dans la Grand'Chambre

(*) Voyez Dutillet, art. *des Pairs*, page 372.

F 2

du Parlement de Paris, en y joignant,
pour l'inſtruction du procès, & pour
le Conſeil, les Officiers de ce tribunal, & autres gens notables ; mais
ce Parlement n'eſt pas pour cela la
Cour des Pairs, dans ſon ſens propre,
ſur-tout quand il tient ſes ſéances
ordinaires , comme nous l'avons
déja fait voir, & comme les détails,
où nous allons entrer, continueront
de le prouver. Jamais il n'a procédé
à une affaire criminelle d'un Pair,
ſans des lettres-patentes, que l'on a
toujours regardées comme néceſſaires pour l'y autoriſer , & ſans la
convocation des Pairs , ſoit que le
Roi y ait été préſent , ſoit qu'il ſe
ſoit abſenté. Dans le vrai , ce n'eſt
point la Cour des Pairs que le Roi
joint alors au Parlement de Paris,
mais bien le Parlement de Paris qui
eſt joint à la Cour des Pairs.

On peut diviſer les procès faits
aux Pairs de France en deux épo-
ques ; la premiere commencera au
jugement rendu en 1202 contre
Jean Sans-Terre, Roi d'Angleterre,
Duc de Normandie & de Guyenne,

Pair de France, (c'eſt le premier que l'on voit rapporté dans notre hiſtoire) & elle finira en 1458, à celui contre le Duc d'Alençon ; la ſeconde époque renfermera ce dernier procès juſqu'à celui du Duc de la Force, fait en 1721. Nous renverrons, pour la premiere époque, aux mémoires faits par Lancelot pour les Pairs, ainſi qu'aux pieces qui y ſont jointes, ne pouvant rien dire de mieux que ce qui y eſt écrit ; nous nous contenterons d'en faire ici un précis qui ſera ſuffiſant pour remplir l'objet que nous nous propoſons ; nous entrerons dans de plus grands détails des procès de la ſeconde époque, qui exigent un plus long examen.

DES JUGEMENS

De la premiere Époque.

L E premier de ces jugemens est celui rendu en 1202 [*] contre Jean Sans-Terre, en sa qualité de Pair de France. Les Auteurs ne nomment pour les juges que les Pairs.

Au différend en 1216 [**] entre Blanche, Comtesse de Champagne, & Thibaut, son fils, d'une part ; & Erard de Brienne, & Philippe sa femme, de l'autre ; au sujet du Comté de Champagne, on ne voit pour juges que les Pairs de France accompagnés d'Evêques & de Barons ; le Roi présent & approuvant le jugement ; ce sont les expressions. Aucun membre de la Cour ordinaire du Roi, du Parlement, n'assiste au procès.

Au jugement rendu en 1224 (***)

[*] Lancelot, *Preuves*, page 17.
[**] Lancelot, *Preuves*, page 22.
(***) Lancelot, *Preuves*, page 29.

entre la Comtesse de Flandre &
Jean de Nesle, il fut décidé que les
Grands-Officiers de la couronne, entre lesquels se trouve le Chancelier,
auroient voix délibérative avec les
Pairs au jugement : ils sont les seuls
à qui cette prérogative est accordée.

Les Evêques de Laon, de Langres & de Noyon, Pairs, jugent en
1237 (*), le différend entre le Roi,
d'une part, & Thomas de Savoie,
Comte de Flandre, & Jeanne sa
femme, de l'autre, sur la maniere
dont ils doivent prêter serment au
Roi. Ce jugement est un de ceux
rendus par les Pairs seuls sans le
Roi, & en leur nom.

L'Archevêque de Reims, en 1259,
(**) prétendoit avoir la garde de
l'Abbaye de St. Remi. Ce premier
Pair ecclésiastique veut récuser pour
juges la Cour ordinaire du Roi, &
demande d'être jugé par ses Pairs;
on décide que cette affaire ne regarde point la Pairie, que par consé-
quent ce n'est point aux Pairs à

____

(*) Lancelot, *Preuves*, page 41.
(**) Lancelot, *Preuves*, page 57.

juger dans cette occafion ; ce qui prouve que dans les caufes de Pairie, le droit d'un Pair eft de n'être jugé que par fes Pairs , & que la Cour des Pairs eft différente & diftincte de la Cour ordinaire du Roi.

Edouard I , Roi d'Angleterre, eft ajourné en 1293 (*) , par les Evêques de Beauvais & de Noyon, pour comparoître devant le Roi & la Cour des Pairs ; l'ajournement eft en ces termes : *Les Pairs de France ont jugé qu'on vous ajourne , & nous qui fommes Pairs de France, nous vous ajournons.* On ne voit ici que les Pairs & la Cour des Pairs bien diftinguée de la Cour ordinaire du Roi.

Vient enfuite l'arrêt rendu en 1315 (**) contre Robert, Comte de Flandre , que nous avons déja cité : ce jugement eft encore un de ceux faits & prononcés par les Pairs & en leur nom , & il fait voir que la Cour des Pairs eft différente de la Cour ordinaire du Roi.

(*) *Chronique de Flandre* , chap. 34. Lancelot , page 105 & 106.
(**) Lancelot , *Preuves* , page 297 & fuivantes.

On lit dans cet arrêt, & dans la sémonce d'ajournement faite par le Roi au Comte de Flandre, qui y est rapportée : 1°. Que le Comte de Flandre est ajourné par le Roi *pour ester à droit pardevant nous* (le Roi) *& pardevant nos Pairs & notre Conseil.* 2°. *Voulons* (le Roi) *selon la forme d'icelle Paix ledit Comte mener par voye due & selon droit & raison.* 3°. *Nous, l'y perdessus dicts, à la requéte & mandement dou Roi à nous, venismes en sa Cour à Paris, & fissmes & tenismes Cour avec douze autres personnes Prélats & autres grands & hauts hommes ; savoir, &c.* Ce qui montre que l'affaire fut traitée suivant le droit établi pour les procès criminels des Pairs, *par voie due & selon droit & raison* ; que ce fut une Cour majeure, où les gens qui tenoient la Cour ordinaire du Parlement, ne se trouverent point ; on y voit ensuite les excuses, bonnes ou mauvaises, des Pairs qui manquerent de s'y trouver, ou qui s'en allerent avant de rendre le jugement ; ce qui prouve que les Pairs sont juges nécessaires. 4°. *Le Roi requerant à nous (ce sont les Pairs qui parlent] que nous fissions jugement & droit, & qu'il fut rendu de par nous Pers & en notre nom... & jugié fut de par nous Pers dessus dits & en notre nom.* Le Roi y fut présent, & c'est pour se conformer au traité, & peut-être pour condescendre à la prétention qu'avoient les Pairs, que le Roi ne devoit point être juge, quand il étoit partie dans l'affaire, qu'il voulut bien que le jugement fût rendu au nom des Pairs. 5°. Que les douze personnes jointes aux Pairs furent *élus & mis à ce faire de par le Roi notre Sire avec nous, comme Cour garnie de nous, de eux, & d'autres plusieurs sages gens.* On demande quels sont ces plusieurs sages gens? Ils ne peuvent guere être que quelques gens du Conseil du Roi : on lit, au commencement de l'arrêt, *pardevant nous [le Roi] & pardevant nos Pairs & notre Conseil.* Mais ce ne sont certainement pas les Membres qui devoient composer le Parlement : par plusieurs sages gens, on ne peut entendre que quelques perſonnes, & non la Cour entiere du Roi, tous les Conſeillers. Quand le Roi fait aſſiſter aux grandes cauſes les gens de ſa Cour ordinaire, on les nomme, *Meſſieurs* (*) *de la Grand'Chambre*, *Meſſieurs des Enquêtes*, *Meſſieurs des Requêtes*. Quoi qu'il en ſoit, Louis Hutin ne parle point de ces pluſieurs ſages gens dans l'arrêt confirmatif qu'il donne. Il ne nomme que les Pairs & les douze Prélats & Barons ; ce qui prouve que le Roi regardoit ceux qu'on déſigne ſous cette dénomination de pluſieurs ſages gens, comme de nulle conſéquence au procès.

Celui de Robert d'Artois (**) paroît ſe faire avec plus d'appareil & dans une forme nouvelle ; il eſt rapporté dans un manuſcrit de la Bibliothèque du Roi, avec un très-grand détail ; on y voit la formule pour ajourner les Pairs, les quatre ajournemens faits également par le Roi au Comte d'Artois, avec les

(*) Voyez la cinquieme Note.
(**) Lancelot, *Preuves*, page 357 & ſuivantes.

délais de deux ou trois mois entre
chaque, & les défauts pris chaque
fois ; le premier arrêt, en forme de
lettres, à la fin duquel on lit : *Let-*
tres données au Louvre , en notre
Parlement , le 23e. jour de Mars ,
l'an 1330 , par le Roi & sa Cour ,
garnie de Pairs & autrement. Cet
arrêt étoit rendu pour déclarer faus-
ses les pieces produites par le Comte
d'Artois. Le second arrêt, par lequel
le Comte est banni, le Roi présent,
la Cour suffisamment garnie de Pairs,
donné à Paris au Louvre , le mercredi avant Pâques fleuries, l'an 1331.

Le narré de cette affaire, que l'on
trouve aussi dans les pieces du procès , & que l'on croit être de Simon de Buçy , alors Procureur-Général , rapporte que la Cour étoit
formée du Roi, de ceux de son lignage, des *Pers* , & de tout son Conseil. Il n'y est pas du tout fait mention des membres qui devoient composer la Cour ordinaire du Roi ; il
paroît cependant que le Roi en fit
trouver un assez grand nombre au
jugement ; on en compte 22 ; mais ,

fuivant ce que nous avons déja démontré , ils ne pouvoient pas y
avoir voix délibérative ; ils y furent pour rendre l'affemblée plus fo-
lemnelle & plus nombreufe ; & l'on
peut préfumer, avec fondement,
que Simon de Bucy ne les nomme
point , parce qu'ils n'avoient point
de voix au jugement ; étant d'ailleurs plus inftruits des formes, ils
étoient plus capables de travailler à
l'inftruction du procès que le Roi
vouloit faire avec la plus grande
régularité. Aujourd'hui que le Parlement fait une compagnie , il lui
faudroit des lettres-patentes pour
l'y autorifer ; mais alors que les
Confeillers n'étoient à la Cour du
Roi que des Commiffaires, & qu'ils
n'y fiégoient qu'autant qu'ils étoient
placés à chaque féance fur le rôle [*], il ne pouvoit pas être queftion de pareilles lettres ; c'étoit par
un mandat particulier adreffé à chaque Confeiller, que les membres qui
compofoient le Parlement ordinaire,
pouvoient fe trouver au procès d'un

____
(*) Voyez Pafquier.

Pair de France : cette forme fe voit dans les lettres-patentes d'érection du Comté de Mâcon en Pairie, que l'on a déja citées.

Le Duché de Bretagne eft adjugé à Meffire Charles de Blois, par le Roi & les Pairs & Barons de France affemblés à Conflans en 1341. L'arrêt (*) porte : » Devant » nous [le Roi] dans notre Cour, dans » notre Grand'Confeil des Pairs de » France, Prélats, Barons & autres«. *Coram nobis, in Curiâ noftrâ, in magno Confilio noftro Parium Franciæ ; Prælatorum, Baronum, alior"mque fufficienter munitâ, &c.* Cette expreffion *dans notre Grand'Confeil,* montre que c'étoit une Cour majeure, différente de la Cour ordinaire.

Le Roi Charles V fit ajourner le Prince de Galles, Pair de France, à caufe du Duché de Guyenne, par les Comtes de Tancarville & de Sarebruche, à comparoître devant lui en fa chambre des Pairs : il tint fon

(*) Lancelot, *Preuves*, page 519.

lit de juftice au mois de Mai1369(*);
les défauts furent jugés par l'Archevêque de Reims, Pair, & autres
Prélats, les Ducs de Bourgogne,
de Bourbon, les Comtes d'Alençon, d'Eftampes & autres Barons.
L'arrêt définitif ne fut prononcé que
l'année fuivante, par le Roi, affifté
des Pairs.

Le Roi Charles V, en 1378 (*),
tint fon Parlement en la Chambre
du Parlement de Paris, où étoient
convoqués les Pairs de France, pour
juger le Comte de Montfort. A cette
affemblée fe trouverent le Roi, le
Dauphin, les Ducs de Bourgogne
& de Bourbon, le Comte d'Eftampes, Pairs laïs, les fix Pairs ecclé-
fiaftiques, douze Prélats non Pairs,
ou Abbés, & cinq Barons; on n'y
voit nommé aucun membre de la
Cour ordinaire du Roi.

Charles VI tint, en 1386 [*],fon
lit de juftice contre Charles, Roi
de Navarre, avec les Pairs de Fran-

(*) Lancelot, *Preuves*, page 585 & fuivantes.
(**) Lancelot, *Preuves*, page 609 & fuivantes.
(***) Dutillet, *Recueil des Rangs*, page 55,
édition 1618, in-4to.

ce , Prélats non Pairs , Barons &
autres Conseillers. Le Duc de Bourgogne, au nom des Pairs , y repré-
senta que du vivant du feu Roi
Charles V , l'on fit le procès au
Duc de Bretagne ; qu'ils maintin-
rent alors devant le Roi qu'à eux
appartenoit la décision , détermina-
tion & jugement de la cause ; requérant qu'ainsi fût déclaré , ou si
le Roi déterminoit la cause, & don-
noit jugement , qu'ils eussent lettre
que ce fût sans leur préjudice , &
que par ce aucun nouveau droit ne
fût acquis au Roi ; laquelle lettre
leur fût accordée , sans cependant
être exécutée. Sur cette représen-
tation des Pairs , la lettre leur fut
donnée telle qu'ils la demandoient
pour l'une & l'autre occasion.

On a vu, dans cette premiere époque , les Pairs de France être quelquefois Juges des Pairs sans le Roi,
& le jugement se rendre en leur
nom ; & lorsqu'ils jugent avec le
Roi, ils paroissent toujours être les
seuls Juges nécessaires ; ils dispute-
rent la voix délibérative aux Grands-
Officiers

Officiers de la couronne; ces derniers foutinrent qu'ils l'avoient toujours eue aux procès des Pairs ; en
effet , leur qualité de Grands Officiers leur étoit commune avec les
Pairs; & cette parité, en ce point,
pouvoit leur donner le droit de les
juger; mais ils font les feuls, comme
on l'a déja remarqué.

Les Pairs prétendirent, aux procès
du Duc de Bretagne & du Roi de
Navarre, que le Roi ne devoit pas
être juge ; c'étoit fans doute par la
raifon qu'il étoit partie : cette regle
s'obfervoit vis-à-vis les Barons &
les grands vaffaux; mais la prérogative royale mettoit le Roi au deffus de cette regle. On a vu que les
Rois avoient favorifé cette prétention des Pairs, en leur faifant rendre, dans quelques occafions, des arrêts concernant les Pairs , en leur
nom , & en préfence même du Roi.

Ces conteftations font voir que
nulle autre perfonne que le Roi & les
Pairs ne peuvent être Juges des Pairs.
Les prétentions du Parlement de
Paris roulent par-tout fur la même

G

équivoque qui fe trouve dans l'expreſſion de *Cour du Roi*, où les
Pairs doivent être jugés. Nous fommes membres de cette Cour, di-
ſent aujourd'hui MM. du Parlement ; donc nous fommes juges des
Pairs: mais ils ne font point attention à tout ce que renferme le titre
qui conſtitue le droit des Pairs à ce
ſujet ; ils y liſent bien que les Pairs
doivent être jugés à la Cour du Roi ;
mais ils affectent de n'y pas lire ce
qui fuit, qu'ils doivent y être jugés
par ceux qui doivent & peuvent les
y juger [*] *per judicium eorum qui
debent & poſſunt judicare* : çe qui démontre, comme nous avons déja
obſervé, que toute forte de perſonnes ne font pas capables de juger un Pair à la Cour du Roi, &
ces perſonnes incapables ne peuvent être autres que les Conſeillers
à gage de la Cour ordinaire du Roi :
on en a vu les raiſons de droit dans
ce que nous avons déja dit, & en
particulier dans l'extrait des Aſſiſes

_____

(*) Voyez la premiere Note.

de Jérusalem, que nous avons rapportées ci-deffus.

Mais, dans le temps de cette premiere époque, ces prétentions du
Parlement de Paris ne pouvoient
pas avoir lieu ; il n'y avoit perfonne
alors ni pour les élever , ni pour les
foutenir ; car il ne faut pas oublier
que la Cour du Roi ne formoit pas
une compagnie toujours fubfiftante
comme aujourd'hui , compofée de
membres revêtus de charge ; que les
Confeillers n'étoient que des Commiffaires qui ne fiégoient à la Cour
du Roi qu'autant qu'ils y étoient
appellés & placés fur le rôle chaque
année : le Roi fe faifoit accompagner
par qui il vouloit, quand il convo-
quoit & tenoit fa cour des Pairs, &
perfonne, hors les Pairs & les Grands-
Officiers de la couronne, n'avoit
droit d'y fiéger avec le Roi.

Dans les jugemens que l'on vient
de rapporter, il n'y a guere que celui
de Robert d'Artois, où affifta un
affez grand nombre d'Officiers de
ceux qui compofoient, ou plutôt,
qui devoient compofer le Parle-

ment ; ils font couchés dans le monument nom par nom , & feulement au nombre de vingt-deux (*),
les autres nommés font gens du
Confeil du Roi , ou hauts Barons
& Pairs de France ; il s'en falloît
de beaucoup que tout le Parlement
y fût appellé : l'on ne doit pas être
étonné que les Confeillers y fuffent fans avoir de voix , aumoins délibérative ; l'on obferve encore aujourd'hui que les Chevaliers de l'Ordre , les Gouverneurs & Lieute-
nans-Généraux des Provinces font
invités aux lits de juftice , & qu'ils
y affiftent, fans y opiner ; il eft vrai
qu'on y prend les voix des Préfidens & Confeillers du Parlement ,
mais leurs voix ne font alors devant
le Roi que confultatives , & l'exemple qu'on cite ici prouve toujours
que l'on peut être appellé à la Cour
du Roi , & n'y avoir point de voix.

(*) Voyez Lancelot , pag. 466.

SECONDE ÉPOQUE.

Des Jugemens concernant la perſonne & l'état des Pairs.

LE monument le plus déciſif que l'on ait ſur ce point de notre droit public, eſt le procès du Duc d'Alençon, fait en 1458. Depuis celui du Roi de Navarre, il y avoit alors près de quatre-vingt ans qu'on n'avoit traité de pareille affaire. Charles VII envoya au Parlement Jean Tudert, Maître des Requêtes, pour le conſulter ſur la façon dont il falloit procéder dans les procès criminels des Pairs de France (*). Sept queſtions à ce ſujet furent préſentées, ſur leſquelles le Parlement donna ſes réponſes. Cette piece pourroit être regardée comme la lumiere de tous les ſiecles ſur cette matiere ; elle fut dreſſée de la façon la plus ſolemnelle & avec l'examen le plus

(*) Voyez la premiere Note, N°. 12.

réfléchi, *les régiſtres du Parlement
ſur ce vus & viſités* ; ce ſont les
expreſſions qu'on y lit : elle ſeule
pourroit ſervir de témoignage authentique de notre droit public pour
les tems antérieurs , & de regle
pour les ſiecles ſuivans ; elle a été
preſque toujours ſuivie, en éprou-
vant cependant le ſort des meilleu-
res loix, par quelques infractions qui
y ont été faites dans des tems fâcheux. Cette piece prouve clairement, principalement dans la premiere & la ſixieme queſtion de Charles VII , & dans les réponſes qui y
furent faites, que le Parlement de
Paris n'eſt pas le tribunal des Pairs
dans les procès criminels qui regardent leur perſonne & leur état. Cependant ceux qui ſoutiennent la prétention du Parlement à ce ſujet ,
ſont obligés de chercher à en dé-
tourner le ſens ; mais leur explica-
tion & leurs raiſonnemens ſont ſi
alambiqués, ſi inconſéquens, & même ſi puériles, qu'on n'auroit beſoin,
pour y répondre, que de renvoyer
à la ſimple lecture de la piece.

Ce qui donna occafion aux fept queftions que fit Charles VII au Parlement, ce furent, felon toute apparence, le fouvenir de la conteftation qui s'éleva en 1378, & qui fe renouvella en 1386, entre le Roi & les Pairs de France, au procès du Roi de Navarre, où les Pairs prétendirent qu'ils devoient être feuls juges fans le Roi, & le defir que l'on avoit cette fois-ci de traiter bien en regle une affaire de cette importance. Auffi la premiere queftion de Charles VII eft de fçavoir » pardevant quels juges doi- » vent être traitées les caufes des » Pairs touchant leur perfonne «. Les autres queftions roulent fur le même objet, à différens égards, fans qu'il foit jamais mention en aucune des membres du Parlement de Paris. La premiere réflexion qu'il y a à faire fur cette premiere demande de Charles VII, eft que la queftion ne confifte point à fçavoir quel eft le tribunal compétent pour cette grande caufe; c'étoit, fans aucun doute, la Cour du Roi; mais cette queſtion tend à connoître quels ſont les juges qui doivent former la Cour pour juger un Pair de France en ſa perſonne. Cette réflexion eſt fondée ſur le titre même du droit des Pairs, qui dit qu'ils ſeront jugés à la Cour du Roi ; mais par quels juges ? Le titre ajoute : *par le jugement de leurs Pairs. Par ceux qui peuvent & doivent les juger.*

Examinons préſentement cette premiere queſtion : elle a deux parties. Le Roi demande dans la premiere , pardevant quels juges doivent être traitées les cauſes des Pairs de France, c'eſt-à-dire , quels ſont les juges qui doivent garnir & former la Cour du Roi pour traiter les cauſes criminelles des Pairs. Ces expreſſions *pardevant quels juges ,* ſont générales, & portent par conſéquent ſur tous les juges néceſſaires, ſans exception. La réponſe doit donc exprimer tous les juges qui doivent aſſiſter au jugement; comme de raiſon le Parlement de Paris ne s'y comprend point. » A ſemblé , » dit ce Parlement, que quand au-

» cun Pair de France eſt accuſé
» d'aucun cas criminel qui touche,
» ou peut toucher ſon corps, ſa per-
» ſonne & état, le Roi en ſa per-
» ſonne préſent, quoique ſoient ap-
» pellés les Pairs de France & au-
» tres Seigneurs tenant en Pairie, &
» ledit Seigneur, accompagné d'au-
» tres notables hommes de ſon royau-
» me, tant notables Prélats qu'au-
» tres gens de ſon Conſeil en doit
» connoître : ſe trouve par les ré-
» giſtres de ladite Cour, qu'ainſi fut
» fait au procès de Robert d'Artois,
» de Meſſire Jean de Monfort & du
» Roi de Navarre «. Le Parlement
ne paroît donc pas ici être juge des
Pairs, puiſqu'il n'eſt point nommé
parmi ceux qui doivent juger les
Pairs; il ne peut pas même être
compris dans les Notables, ces Notables ne ſont que des Prélats, ou
gens du Conſeil du Roi; d'ailleurs,
ceux-ci ne ſont pas préſentés comme
juges néceſſaires, ni même en aucun ſens, comme juges; ils ne ſont
qu'accompagner le Roi. On ne peut
pas objecter que le Parlement ne ſe

nomme point dans fa réponfe parmi les juges, parce qu'il n'avoit pas befoin de le dire ; les Pairs étoient certainement encore plus évidemment les juges de leurs Pairs, puifqu'ils font leurs feuls juges néceffaires : le Parlement croit cependant devoir les nommer ; il fe feroit donc auffi nommé, s'il eût été juge des Pairs ? mais il étoit alors bien éloigné d'avoir cette prétention. Le Parlement ajoute » : Qu'ainfi fut fait au procès » de Robert d'Artois, de Meffire » Jean de Montfort, & du Roi de » Navarre «. Voyons ce qui s'y paffa. Au procès de Robert d'Artois, on ne compte que vingt-deux membres de ceux qui devoient compofer la Cour ordinaire du Roi, le Parlement ; aucun à celui de Jean de Montfort, & feulement quelques-uns à celui du Roi de Navarre : c'eft ce que l'on voit dans Dutillet, & dans les régiftres du Parlement, fur lefquels Dutillet a fait fon Recueil. Ce n'eft pas que le Roi n'eût pu y faire affifter un plus grand nombre de Confeillers, même tout le Parlement,

mais c'étoit à fa volonté, & ils n'auroient pu avoir que voix confultative, ou point de voix. Charles VII
ne demande d'abord que vingt-deux
Officiers du Parlement pour affifter
au procès du Duc d'Alençon; il y
a de l'apparence qu'il choifit ce nombre de vingt-deux, fur l'exemple du
procès de Robert d'Artois, où il
n'y eut que le même nombre de
Confeillers. Cette premiere partie
de la premiere queftion, avec la réponfe de Charles VII, prouve donc
que le Parlement de Paris n'eft pas le
tribunal où les procès des Pairs, touchant leur perfonne & leur état,
doivent être traités néceffairement.

Dans la feconde partie de la premiere queftion, le Roi demande :
» Et fi par l'inftitution du Parle-
» ment, il y a aucune réfervation
» des caufes qui peuvent toucher les
» perfonnes des Pairs de France ».
La réponfe eft nette & précife.
» Et ne trouve point par l'inftitution
» du Parlement, ne par aucune or-
» donnance, ne autrement, qu'il y
» ait aucune réfervation des caufes

» qui touchent ou peuvent toucher
» les perſonnes & Etat des Pairs de
» France «.

Ceux qui ſont attachés aux prétentions du Parlement , ſont encore
ici de nouveaux efforts pour en dé-
tourner le ſens naturel ; ils veulent
qu'on entende la demande dans ce
ſens : *Si les cauſes des Pairs ſont
du nombre de celles réſervées pour
n'être jugées au Parlement , qu'en
préſence du Roi* : mais l'on ne peut
expliquer ainſi cette queſtion , ſans
mettre dans la réponſe du Parlement une contradiction manifeſte ;
car le Parlement répond : » Qu'il
» n'y a point de réſervation des
» cauſes qui touchent la perſonne
» des Pairs «. C'eſt comme s'il di-
ſoit , en ſuivant le mauvais ſens
qu'on prétend y donner , *que le
Parlement peut juger ces cauſes
ſans le Roi.* Cependant il a dit dans
la premiere partie de ſa réponſe ,
*que le Roi en ſa perſonne préſent
doit en connoître , autrement qu'on
ne peut juger ces cauſes ſans le Roi* :
on feroit donc dire au Parlement

en même-tems le pour & le contre.
Il est donc clair que cette façon
de vouloir entendre la demande du
Roi Charles VII, & la réponse qu'y
fait le Parlement, ne peut s'admettre : le sens de l'une & de l'autre
se présente de lui-même ; mais s'il
étoit susceptible du moindre doute,
les faits du tems le leveroient ; quelques Pairs, dans certaines affaires
qui les regardoient, avoient anciennement prétendu que le Roi ne
pouvoit les juger sans les Pairs [*].
on soutenoit au contraire contre eux,
que la convocation des Pairs n'é-
toit pas nécessaire dans toutes leurs
affaires. C'étoit le Roi & sa Cour
qui jugeoient quand les Pairs devoient être appellés ; depuis ce tems,
& même tout récemment par Charles VII, les causes civiles des Pairs
avoient été attribuées au Parlement
de Paris ; mais il étoit question ici
du procès criminel d'un Pair de
France ; le Roi vouloit sçavoir si,

____

(*) Voyez l'arrêt rendu contre l'Archevêque
de Reims en 1259. Lancelot, *Recueil des pieces*,
pag. 57.

par l'inftitution du Parlement, il y
avoit auffi aucune réfervation des
caufes qui touchent les perfonnes &
états des Pairs. Pour peu que l'on
eût de connoiffance des droits de la
Pairie, cela ne devoit point être
douteux. Le Parlement inftruit,
n'héfite donc pas de répondre »qu'il
» ne trouve point, par l'inftitution
» du Parlement, ne par aucune or-
» donnance, ne autrement, qu'il y
» ait aucune réfervation des caufes
» qui touchent, ou peuvent toucher
» les perfonnes & état defdits Pairs
» de France ; mais fe trouve qu'ainfi
» fe doit faire, qu'il eft dit ci-deffus «.
Il venoit d'y être dit que le Roi en
devoit connoître avec les Pairs de
France ; que les Pairs doivent être
appellés pour juger ces caufes avec
le Roi ; & le Parlement ne trouve
point, non-feulement dans l'ordonnance qui l'inftitue, mais dans aucune ordonnance, quelque recherche qu'il ait fait, ni autrement, que
le Roi puiffe juger fans les Pairs,
les caufes qui touchent leur perfonne, encore moins les faire juger

fans lui par fa Cour ordinaire. Ainfi,
il faut deux chofes principales pour
juger un Pair. 1°. Que les Pairs
foient convoqués par le Roi pour le
jugement : 2°. Que le Roi y foit ; de
façon que les Pairs ne peuvent pas
le juger fans le Roi, & que le Roi
ne peut pas le juger fans les Pairs.
Ces deux parties de la premiere réponfe du Parlement, comme on
voit, fe correfpondent parfaitement.

Il y auroit peu de bonne foi à
citer l'ordonnance de 1453, du
même Roi Charles VII, pour vouloir prouver par elle, que le Roi
fçavoit que c'étoit au Parlement que
les caufes des Pairs devoient être
jugées ; que par conféquent on ne
peut entendre les queftions de Charles VII, & les réponfes du Parlement, dans le fens où l'on vient de
les rendre. Cette ordonnance ne
regarde que les caufes civiles des
Pairs, & celles touchant leurs terres tenues en Pairie, & aucunement
les caufes criminelles qui touchent
la perfonne & l'état des Pairs,
comme on l'a déja remarqué : pour

en être convaincu , il fuffit de la
lire fans prévention. On a déja vu
que l'avocat Poignant faifoit la même remarque (*) en 1457 , fur la
même ordonnance de 1453 , en
plaidant devant MM. du Parlement,
la caufe du Comte d'Armagnac, &
que non - feulement il n'en eft pas
repris par le Parlement , mais que
cette remarque eft confacrée dans
l'arrêt qui fut rendu. Nous avons
encore déja rapporté que le même
Duc d'Alençon récufa, fix ans après,
le Parlement de Paris , comme tribunal incompétent , quand il s'agif-
foit de la perfonne d'un Pair ; non
pas , dit-il , pour *contemner la Cour*,
mais pour foutenir fon droit ; qu'il
préfenta à cette fin une requête au
Roi Louis XI , qui y fit droit , en
évoquant à lui , l'affaire qu'il avoit
d'abord envoyée au Parlement de
Paris , par la voie de lettres-patentes.

Le Parlement répond à la fixieme
queftion de Charles VII , qui de-

(*) Voyez Lancelot, *Preuves* , pag. 767 &
768.

mandoit

mandoit, si, en son absence, on pouvoit procéder au procès d'un Pair :
» que les Pairs de France & autres
» qui y furent appellés, ne procé-
» derent point sans la présence du
» Roi ; *Bien se trouve que les Rois*
» *commirent aucuns notables hommes*
» *pour procéder aux préparations des-*
» *dits procès, comme à faire informa-*
» *tions, à interroger les complices &*
» *coupables, & tels & semblables actes* «.
Dutillet lui-même, après avoir rapporté la réponse en entier du Parlement de Paris, au Roi Charles VII,
finit par dire que, *par cette réponse,*
appert que les informations, interro-
gatoires, récolemens & confrontations,
qui doivent être procédures secretes,
se doivent faire contre les Pairs par
Commissaires députés par le Roi : il
n'est donc pas, dans cette sixieme
réponse, plus question des membres
du Parlement, que dans la premiere;
on n'y voit que les Pairs, & ceux
que le Roi juge à propos d'appeller.
D'où il est impossible de ne pas conclure, d'après le Parlement de Paris
même, que les procès criminels

contre les Pairs de France , ne font
point de la compétence de cette
compagnie ; qu'au moins elle ne
peut pas d'elle-même y procéder ;
qu'il faut que le Roi lui adreſſe des
lettres-patentes pour l'y autoriſer.
[*] Jamais ce Parlement, depuis
qu'il exiſte tel qu'il eſt aujourd'hui ,
n'a inſtruit de pareilles affaires ſans
lettres-patentes ; le Roi y dit toujours , *qu'il le commet, qu'il l'auto-
riſe.* La néceſſité de ces lettres ſe
voit évidemment dans l'extrait de
celles d'érection de la Comté-Pairie
de Mâcon , que l'on a rapporté à la
page 36 ; elle ſe tire encore de ce
que le Roi doit connoître en perſonne des affaires criminelles des Pairs ;
d'où il s'enſuit qu'on ne peut les
traiter ſans le Roi ; par conſéquent,
ſans qu'il en ordonne le traitement ;
& la volonté du Roi ne ſe fait connoître en pareille occaſion à ſon
Parlement, que par la voie de lettres-patentes.

C'eſt ſur ces principes que l'on
voit agir Henri IV , dans l'affaire du

(*) Voyez la quatrieme Note.

(115)

Duc de Mercœur (*) qui avoit in-
fulté violemment en 1599, l'Avocat-
Général Servin. Le Parlement nomma, de fon autorité, fans ordre du
Roi, deux Commiffaires pour in-
former & décréter contre le Duc
de Mercœur. Le Roi choqué de
cette entreprife, fit venir le premier Préfident, & lui déclara *que le
Parlement devoit, après l'information
faite, venir à lui ; ajoutant, qu'il fçait
combien ce fait le touche, & qu'il veut
que la juftice foit faite ; mais qu'il eft
le premier Préfident des Pairs, qu'il
veut affifter à ce jugement avec ceux
qui doivent être appellés, & que cependant il ne veut pas qu'il foit paffé
outre.* Ses ordres furent exécutés,
& les procédures cefferent. Le feu
Roi, dans l'Edit de 1711 (**), dé-
fend au Parlement, à l'article VIII,
de traiter d'aucune affaire de Pairie
fans fa permiffion, difant qu'il ne
les renvoie à cette Cour, que lorfqu'il ne trouve pas à propos de les
décider par lui-même. Le Parlement

(*) Lancelot, page 15.
(**) Voyez la Note quatrieme, N°. 5.

H 2

(116)

de Paris n'eſt donc point par lui-même uniquement & eſſentiellement
la Cour des Pairs. On auroit tort
d'imaginer que Dutillet crût ici que
les Pairs peuvent être jugés par des
Commiſſaires. A moins que ces Commiſſaires ne ſoient le Chancelier,
quelques Grands-Officiers de la couronne, ou quelques Pairs, ils n'ont
point de voix délibérative à aucun
jugement, ſoit difinitif, ſoit interlocutoire; ils ne ſont que pour l'inſtruction du procès.

Tout homme qui ſera ſans prévention, verra, dans les réponſes [*]
du Parlement de Paris, aux queſtions de Charles VII, que ce tribunal ne ſe regardoit en aucune façon
comme juge des Pairs; mais ce qui
le démontre encore évidemment,
& ſans réplique, c'eſt ce que contenoient de plus les lettres cloſes ap-
portées au Parlement à ce ſujet par
Jean Tudert, maître des Requêtes,
par leſquelles le Roi enjoignoit au
Parlement de Paris de nommer [**]

(*) Voyez la premiere Note, N°. 12.
(**) Voyez la premiere Note, N°. 12.

feize Confeillers Laïs, & fix Clercs, pour aller à Montargis, & être au procès du Duc d'Alençon ; ce que le Parlement exécuta fans aucune difficulté : le Roi ne regardoit donc point le Parlement de Paris comme juge des Pairs, & de fon côté, le Parlement de Paris ne fe croyoit donc pas alors la Cour des Pairs, proprement dite. Car fi le Roi envoyoit aujourd'hui de pareils ordres au Parlement de Paris, quelle réclamation cette compagnie ne feroit-elle pas pour foutenir qu'elle eft la Cour unique & effentielle des Pairs, & que le procès ne peut fe faire qu'au Parlement de Paris, toutes les Chambres affemblées ? Obéiroit-elle paifiblement au Roi, en nommant ving-deux de fes Officiers pour affifter comme Légiftes au procès ? C'eft cependant ce que fit alors ce Parlement. Il eft vrai que Charles VII prit enfuite la réfolution de faire affifter au procès le premier Préfident & un autre Préfident, avec un plus grand nombre de Confeillers, & de convoquer même à Montargis tout le Parlement , ne laiſſant à Paris qu'un Préſident & quelques Conſeillers ; mais on obſervera qu'il y eut plus d'un mois d'intervalle entre la nomination des vingt-deux Officiers , qui eſt du 20 Avril 1468 , & les lettres-patentes de convocation du Parlement à Montargis , du 23 Mai de la même année ; que le Parlement , ſuivant le choix que le Roi lui en avoit laiſſé , nomma les vingt-deux députés ſans la moindre difficulté , & qu'il ne reſte aucun veſtige , ni dans les régiſtres du Parlement , ni ailleurs , que la nouvelle réſolution du Roi fût occaſionnée par aucunes repréſentations de la part du Parlement. Quoiqu'il y ait quelques lacunes dans ſes regiſtres , on a ceux de cette année 1458 ; & ſi le Parlement eût fait quelques remontrances à ce ſujet , certainement on les y trouveroit. Ainſi , on peut être ſûr qu'il n'y eut en cette occaſion , aucune difficulté de la part du Parlement. Le Roi voulut ſans doute rendre ce jugement plus authentique par un plus grand nombre de témoins.

Charles VIII voulut procéder en 1487 (*), par voie de justice, contre les Ducs d'Orléans & de Bretagne ; il les fit ajourner à comparoître devant lui en sa Cour de Parlement à Paris, où il convoqua les Princes de son sang, & les Pairs, même Philippe d'Autriche, Comte de Flandre, qui fut cité sur la frontiere, parce qu'il n'y avoit point de sûreté de faire autrement l'ajournement ; le Duc de Bourbon & les Comtes d'Angoulesme & de Nevers s'excuserent ; le Duc d'Alençon, M. de Beaujeu, le Comte de Vendôme, le sieur de Laval, Louis d'Armagnac, Comte de Guise, & M. Louis de Luxembourg, parens du Roi, assisterent à ce lit de justice ; les deux Pairs accusés furent cités de nouveau par le Prévôt de Paris, assisté d'un Conseiller du Parlement, & du premier Huissier.

Le procès du Connétable de Bourbon, commencé en 1523, &

(*) *Cérémonial François.*

continué jufqu'en 1527, eft traité
fur les mêmes principes. Le Roi en
perfonne, avec les Pairs de France,
décerne l'arrêt de prife de corps. Le
Parlement ne commence l'inftruction du procès qu'en vertu de lettres-patentes, & que jufqu'en définitif exclufivement. C'eft ce qu'on
lit dans l'arrêt rendu en 1527 (*).
» Vus par la Cour garnie de Pairs,
» Princes & gens du fang, le Roi
» féant, & préfident en icelle, l'ar-
» rêt & commiffion décernée par le-
» dit Seigneur féant en fadite Cour,
» pour prendre au corps Charles
» de Bourbon..... Les lettres-paten-
» tes dudit Seigneur, datées du 2
» Juin 1524, par lefquelles, & pour
» les caufes contenues en icelles,
» icelui Seigneur, a ordonné à la-
» dite Cour, nonobftant que ledit
» de Bourbon fût Pair de France,
» de procéder en l'abfence dudit Sei-
» gneur, à donner les trois défauts
» à l'encontre dudit de Bourbon,
» & inftruire le procès jufqu'en la
» définitive exclufivement ; déro-

____

(*) Régiftres du Parlement.

>> geant, quant à ce, à toutes ordon-
>> nances à ce contraires, &c«.

On doit d'abord remarquer que le Parlement de Paris n'eſt commis par François premier à l'inſtruction du procès, que *juſqu'en la définitive exclusivement*, & qu'il paroît qu'en cela même on regardoit alors cette commiſſion comme pouvant être contraire aux droits de la Pairie, puiſque le Roi a ſoin, pour valider l'inſtruction, de ſuppléer au défaut de forme qu'il pourroit y avoir, en mettant dans les lettres-patentes, *nonobſtant que ledit Bourbon fût fait Pair de France....... & dérogeant, quant à ce, à toutes ordonnances & uſages à ce contraires.* On ſe reſſouvenoit ſans doute que Louis XI, en 1464, avoit reconnu, dans la ſeconde affaire du Duc d'Alençon, que le Parlement de Paris n'étoit pas le tribunal compétent pour connoître du procès criminel d'un Pair; & quoique cette fois-ci on ne le commît que *juſqu'en la définitive exclusivement*, on avoit encore quelque crainte ſur la compétence du tribunal. Les lettres - patentes de Louis XI, de 1564, sont rapportées ci-dessus.

On vient de voir que le Parlement de Paris, en 1458 & en 1464, aux deux procès du Duc d'Alençon, & à celui du Duc de Bourbon en 1523, devoit sçavoir & reconnoître qu'il n'étoit point juge des Pairs en matiere criminelle; & qu'il ne pouvoit point instruire leur procès, sans y être autorisé par le Roi; il ne pouvoit pas encore avoir d'autre sentiment, quand il fit le procès au Duc de Biron, en vertu des lettres-patentes qui lui furent adressées, en 1602, par Henri IV. Voici comme le Roi s'exprime [*] : *Nous avons renvoyé & renvoyons ledit Duc pour lui être fait & parfait son procès criminel & extraordinaire ... Comme* AUSSI NOUS VOUS DONNONS POUVOIR *& mandement de procéder, faire & parfaire le procès contre tous ceux,* &c. Le Roi fit convoquer en même tems les Pairs. On remarque

____

(*) Anselme, tom. 4, pag. 118 & 119.

(123)

que c'eſt la premiere fois qu'un Roi
de France a manqué d'aſſiſter au
procès criminel d'un Pair; nos Rois
juſqu'alors y ayant toujours regardé
leur préſence comme néceſſaire.
Henri IV ne put, ſelon toute apparence, ſe déterminer à être préſent
au procès criminel d'une perſonne
qu'il avoit honoré de ſes bontés, &
même d'une affection particuliere,
& qu'il étoit réſolu de traiter dans
toute la rigueur des loix. Les Princes & Pairs ne voulurent pas également s'y trouver; il fallut, ſuivant
la forme néceſſaire, commencer le
procès, par rendre arrêt ſur l'abſence des Pairs; & l'on y voit que
le Parlement n'imaginoit point alors
être la Cour des Pairs, proprement
dite, & pouvoir inſtruire les procès
qui regardent leur état & leur perſonne, ſans y être autoriſé par le
Roi; c'eſt lui-même qui prononce
qu'il n'eſt pas la Cour des Pairs, de
cette façon, au moins quand il tient
ſes ſéances ordinaires. Il eſt énoncé,
dans cet arrêt (*), que les gens du

(*) Anſelme, t. 4, pag. 119.

Roi requéroient qu'en leur absence (des Princes & des Pairs) *fût par la-dite Cour*, ÉTANT, COMME ELLE EST ASSEMBLE'E, LA COUR DES PAIRS, *passé outre & procédé à la visitation & jugement du procès, ainsi que s'ils étoient présens.* Le Parlement suivit les conclusions des gens du Roi, & leur dire tel qu'on vient de l'énoncer, est exprimé dans l'arrêt du Parlement : *La Cour étant, comme elle est assemblée, la Cour des Pairs.* Il pensoit donc qu'il n'est pas la Cour des Pairs, quand il est assemblé autrement qu'il n'étoit alors ? Il l'étoit, en effet, d'une façon toute autre que celle ordinaire & accoutumée, en vertu de lettres-patentes qui le commettoient au jugement criminel d'un Pair, & en vertu de la convocation des Pairs ; les lettres-patentes disent : *Aussi nous vous donnons pouvoir* : le Parlement ne l'avoit donc pas sans elles ? Ses membres n'étoient pour cette affaire que des Commissaires. On n'examinera pas encore ici si le Parlement, dans ces circonstances mêmes , pouvoit se qualifier Cour des Pairs, ni sur quel principe, malgré l'absence des Pairs, il pouvoit passer outre à la confection du procès du Duc de Biron ; mais il résultera toujours, de sa conduite en cette occasion, qu'il ne se croyoit pas par lui-même la Cour des Pairs, proprement dite, & que pour pouvoir instruire le procès d'un Pair, quand il s'agit de sa personne & de son état, il faut qu'il y soit autorisé ; on a vu, par l'exemple du Duc de Mercœur, qu'Henri IV ne l'auroit pas autrement souffert: le Parlement ne peut donc aujourd'hui, sans changer d'opinion & de langage, se dire la Cour unique & essentielle des Pairs, &c.

Ce n'est pas certainement sous Louis XIII, que le Parlement trouvera des exemples pour appuyer sa prétention. On voit un premier Ministre abuser du crédit que lui donnoient ses grandes qualités & la confiance entiere que son maître avoit en lui, pour déterminer le Roi à négliger les formes anciennes jusqu'alors respectées & suivies, & à

s'en écarter dans le procès du Duc
d'Elbeuf en 1631, & dans celui du
Duc de Montmorenci, en 1632; mais
ces exemples feroient autant contre
les prétentions du Parlement de Paris, que contre les droits des Pairs.
Le premier fut condamné irrégu-
liérement par contumace , en vertu
d'une commiffion donnée au Parlement de Dijon. Le Roi ne fit faire
le procès au Duc de Montmorenci,
par le Parlement de Touloufe ,
qu'après avoir donné une déclaration, le 3 Août 1632, par laquelleil
le déclare criminel de leze-majefté,
indigne & déchu de la dignité de
Pair de France; & ce Parlement,
quoiqu'il fût autorifé par des lettres-
patentes, & par le confentement du
Duc de Montmorenci, à lui faire
fon procès, répete, dans le prononcé de fon arrêt de mort, la déclaration du 3 Août, pour faire voir
qu'il ne le rendoit, que parce que
le Roi avoit lui-même jugé l'extinc-
tion de la Pairie : il fera donc vrai
de dire que , même en violant les
droits de la Pairie , on les a recon-

nus. Auffi voit-on le Roi revenir depuis aux anciennes formes, en faifant, en 1639, le procès au Duc de
la Valette, &, en 1641, au Duc de
Vendôme. Le Roi donna, chaque
fois, des lettres-patentes adreffées
au Chancelier & à deux Confeillers d'Etat pour l'inftruction du procès; les Princes & les Pairs furent
affemblés à St. Germain-en-Laye,
& l'arrêt [*] fut rendu avec eux par
le Roi en perfonne, fans y admettre
les Officiers du Parlement de Paris;
fept Préfidens & le Doyen feulement affifterent au procès du Duc
de la Valette; deux Préfidens & fix
Confeillers à celui du Duc de Vendôme; l'arrêt eft ainfi terminé : *Fait
en Parlement*, ce qui eft remarquable. On obferve qu'au procès du
Duc de la Valette, les Préfidens
du Parlement & le Doyen opine-
rent pour le renvoi au Parlement
de Paris; ils donnerent cependant
leur avis fur le fond, à l'exception
du Préfident de Bellievre, qui ne le
voulut jamais; il avança de plus,

dans fon avis, qu'il étoit incompa-
tible, avec la majefté royale, que le
Roi affiftât à un procès criminel. Le
Roi, que l'on avoit inftruit de la
forme ancienne, néceffaire à fuivre
dans les procès criminels des Pairs ,
leur reprocha leur ignorance, même
avec aigreur : il leur dit qu'ils étoient
des ignorans, en prétendant que le
procès d'un Pair devoit être porté
au Parlement de Paris. Effective-
ment, ils ne fçavoient pas que les
Rois, jufqu'au procès du Duc de
Biron , n'avoient jamais manqué
d'être préfens aux procès criminels
des Pairs, & qu'il n'y avoit de juges
néceffaires que les Princes & les
Pairs, avec les Grands-Officiers de
la couronne. La matiere fut, fans
doute, plus éclaircie dans l'intervalle d'un procès à l'autre ; car les
Préfidens de Bellievre & de Ne-
mond , qui s'étoient trouvés au procès du Duc de la Valette , & qui
affifterent encore à celui du Duc de
Vendôme, ainfi que les fix autres
Officiers du Parlement , donnerent
cette fois-ci leur avis fur le fond ,

fans

fans faire aucune difficulté fur la forme. Cependant elle ne fut pas fuivie dans tous les points effentiels ; les Pairs ne paroiffent pas avoir été tous convoqués , & , s'ils ne le furent point tous, la forme effentielle à cet égard manqua.

Louis XIV voulant faire, en 1654, le procès au Prince de Condé , qui avoit quitté le royaume, & étoit paffé aux ennemis de l'Etat , les Pairs furent tous convoqués, ceux qui étoient à Paris & à la Cour, par le Maître des Cérémonies , & ceux qui fe trouverent abfens dans les provinces, par les Secretaires d'E-tat , chacun dans fon département. Il eft ordonné, dans l'inftruction du Roi donnée aux Secretaires d'Etat & au Maître des Cérémonies , de prendre, par écrit, les excufes des Pairs ; les abfens les adrefferent au Roi, qui lui-même leur avoit écrit. Le Procureur-Général (*), *dans la*

____

(*) Ce font les expreffions 'mêmes du Procu-reur-Général dans la production du procès qu'il donne au Parlement. Voyez Procès du Prince de Condé, manufcrit, *Dépôt des Pairs.* Régiftre du Parlement.

I

production des pieces néceſſaires au procès , par leſquelles il juſtifie que le procès eſt inſtruit de toutes ſes formes , & eſt en état de juger ... produit à cette fin , pour juſtifier que tous les Pairs de France qui doivent être au jugement , ont été ſuffiſamment avertis , les certificats des Secretaires d'Etat & du Maître des Cérémonies. Le Prince de Condé étant hors du royaume, on envoya, ſur la frontiere à Péronne, deux Huiſſiers pour le citer ; le Procureur-Général prit quatre défauts contre lui. L'arrêt de priſe de corps , ceux touchant les défauts , & leur profit donné au Procureur-Général, celui définitif, ainſi que l'arrêt de ſa publication qui fut faite dans un lit de juſtice, furent tous rendus, le Roi ſéant & Préſident en ſa Cour , ſuffiſamment garnie de Pairs. Tout le détail de l'ajournement des Pairs eſt énoncé dans l'arrêt definitif , comme une forme néceſſaire pour la validité du procès.

La minorité du Roi nous fournit deux exemples de procès faits à des

Pairs. Le Parlement de Paris femble
vouloir profiter de ce tems de minorité pour établir fon nouveau fyf-
tême. En 1716, tous les Pairs s'éle-
verent unanimement contre ces entreprifes, &, quoiqu'en 1721, quelques-uns fe fuffent féparés des autres
en quelque point, le Roi, par fa
déclaration du 9 Mars, comme il
avoit fait, en 1716, dans celle du
10 Mai, au fujet du procès criminel du Duc de Richelieu, *ordonne
que le procès du Duc de la Force fera
continué au Parlement de Paris, fuf-
fifamment garni de Pairs, fans que
tout ce qui a été fait, ou pourra être
fait à l'occafion dudit procès, puiffe
nuire ou préjudicier aux demandes &
prétentions qui ont été portées pardevant nous, au fujet de la forme qui
doit être obfervée dans l'inftruction
des procès criminels pourfuivis contre
des Pairs, fur lefquelles demandes &
prétentions nous nous réfervons de
ftatuer, ainfi qu'il appartiendra, dans
le réglement que nous jugerons à propos de faire fur les droits & prérogatives des Pairs de France :* par ces

déclarations Sa Majesté maintient les Pairs dans leurs droits.

RÉSUMÉ.

POUR résumer notre droit public, par rapport aux jugemens criminels des Pairs de France , on établira , d'après ce que l'on vient de dire & de rapporter , qu'il est constant que, depuis l'origine de la Pairie , jusqu'au procès du Duc de Biron en 1602, les Pairs ont toujours eu pour juges le Roi en personne , & leurs Pairs convoqués par le Roi, suivant une des formes usitées ; que quand, dans un tems plus moderne , les Rois ont joint à la Cour des Pairs, le Parlement de Paris , formant alors une compagnie , Cour de justice , ses Officiers n'étoient au procès que pour l'instruction ; que les Pairs & les Grands-Officiers de la couronne étoient les seuls qui eussent voix délibérative. Depuis 1602, on ne peut guere compter que huit procès faits à des Pairs de France ;

(133)

fçavoir , ceux des Ducs de Biron en 1602 , d'Elbeuf en 1631 , de Montmorenci en 1632, de la Valette en 1639 , de Vendôme en 1641 , du Prince de Condé en 1654, de Richelieu en 1716, & de la Force en 1721. Le Parlement de Paris ne réclamera certainement pas, pour le foutien de fes prétentions, les exemples des deux procès faits aux Ducs d'Elbeuf & de Montmorenci. On voit le Roi Louis XIII être préfent à ceux des Ducs de la Valette & de Vendôme, & ces procès en ce point , fe faire en forme de Pairie; fi toutes les autres formes n'y furent pas fuivies, ce n'eft pas certainement pour n'avoir pas été portés au Parlement de Paris : voilà donc le droit public par rapport aux procès criminels des Pairs , confirmé encore tel qu'on l'a établi. L'exemple de celui du Duc de Biron n'appuie point la prétention du Parlement de Paris ; il y paroît oppofé ; ce tribunal n'inftruifit le procès, qu'en vertu de lettres-patentes qui l'y autorifoient. Suivant le droit des

I 3

Pairs, & conformément à ce qui s'étoit pratiqué au jugement du Connétable de Bourbon, il ne pouvoit rendre, en l'abſence du Roi & des Pairs, aucun arrêt définitif, n'ayant même en leur préſence que voix conſultative ; cependant les Officiers du Parlement eurent cette fois voix délibérative, puiſqu'eux ſeuls ont jugé ce Pair de France ; mais ce n'étoit pas comme Cour des Pairs, proprement dite, ni que MM. du Parlement euſſent naturellement le droit de le juger ; c'étoit par le principe que l'abſence des Pairs, quand ils ont été duement convoqués, ne doit pas empêcher que la juſtice ne ſoit faite, & qu'on ne procede au jugement ; ce que l'on voit établi dans la réponſe du Parlement de de Paris à la cinquieme queſtion (*) de Charles VII, au ſujet du procès du Duc d'Alençon ; ainſi ce Parlement n'a jugé le Duc de Biron, que parce que ſes Pairs le lui ont abandonné, & qu'ils l'ont, pour ainſi dire,

______

(*) Premiere Note de ce Mémoire, N°. 12, article 5.

dégradé de sa qualité de Pair, par le refus de le juger. L'on ne peut pas cependant les excuser de l'injustice qu'ils lui ont faite par leur absence, à laquelle il paroît qu'ils ne se déterminerent qu'à cause du parti que le Roi lui-même avoit pris de ne pas assister au procès. Mais il est bon d'observer que si les Pairs s'y fussent trouvés, ils n'auroient pas souffert que l'on comptât les voix des Officiers du Parlement, si, par la diversité des avis, on eût été dans le cas d'en faire la distinction ; ce qui n'arrive point, quand le crime est manifeste, & que les voix consultatives, comme les délibératives, sont unanimes. C'est par cette raison que la différence dans les deux façons d'opiner, ne s'est peut-être jamais trouvé marquée.

Le procès du Prince de Condé est traité au Parlement de Paris ; mais toutes les formes de Pairie, comme on vient de le voir, y furent observées ; le Roi donna des lettres-patentes pour nommer quatre Rapporteurs, le Chancelier, le

premier Préfident, & deux Confeillers, & pour autorifer le Parlement
à en connoître. On voit donc dans
tous les fiecles, une chaîne d'événemens qui, joints aux titres les plus
formels, prouvent & établiffent que
le jugement contre un Pair de France, touchant fa perfonne, fon honneur & fon état, ne peut être formé
& porté que par le Roi en perfonne & les Pairs de France, & qu'aucun autre, à l'exception du Chancelier & des Grands-Officiers de la
couronne, ne fçauroit y avoir que
voix confultative.

Il ne refte à MM. du Parlement
de Paris, pour l'origine & le fondement de leurs prétentions, que
les procès des Ducs de Richelieu &
de la Force, faits pendant la minorité du Roi. Mais des entreprifes
d'une auffi fraîche date, ne peuvent
préjudicier aux droits de la Pairie,
après les réclamations que les Pairs
firent alors, & qu'ils continuent de
faire, & après les deux déclarations
que le Roi rendit, & qui mettent à
couvert les droits & prérogatives
de la Pairie.

Quoique tout ce que l'on vient de dire ſoit clair & indubitable pour ceux qui ont eu le tems de s'inſtruire, & qui en ont pris la peine, il ne faut pas être étonné des nuages qui ſe ſont aujourd'hui répandus ſur cette matiere. Il en ſera toujours de même de toutes celles qu'un uſage journalier ne fait point connoître, & que l'on eſt obligé d'apprendre par l'étude.

ARTICLE III.
CONCLUSION.

Il est non-seulement utile & honorable aux Pairs de n'être jugés que par leurs Pairs, mais il seroit même dangereux pour eux que cela fût autrement.

ON conviendra qu'il est honorable pour les Pairs de n'avoir pour juges que leurs pareils ; mais on croit pouvoir également prouver qu'ils n'en trouveront jamais d'autres aussi justes & aussi favorables pour eux. C'est pourquoi les Pairs, dans tous les tems antérieurs au nôtre, ont constamment & unanimement montré le plus fort attachement à ce droit précieux , & si quelques-uns d'entre eux ont paru de nos jours, pour la premiere fois, vouloir l'abandonner , ce n'a été

que par des vues particulieres &
étrangeres, & faute d'en avoir bien
médité & fenti tout l'honneur &
l'avantage.

Certainement MM. du Parlement ne penfent pas comme ces
Pairs ; ils ne voudroient pas fouffrir
qu'un tribunal inférieur jugeât un
de leurs membres ; qu'on fe ferve
pour les Pairs des mêmes poids &
mefures , qu'on les laiffe donc jouir
en paix d'un droit qu'ils ont jufqu'à
préfent confervé.

Oferoit-on dire que les Confeillers du Parlement font Pairs avec
les Pairs, dans le jugement de leurs
procès criminels ? Il eft évident que
les Pairs alors ne feroient plus jugés
par leurs Pairs , dont le nombre eft
fi fort inférieur à celui des Confeillers , & que ce feroit annuller le
droit des Pairs : cette affertion ne
peut foutenir un examen férieux.
On a fait voir que le Parlement de
Paris n'étoit la Cour des Pairs, que
d'une façon impropre ; qu'il n'étoit
dans fon effence qu'une Cour ordinaire , toujours diftinguée de celle

des Pairs, proprement dite ; cette derniere qualifiée dans nos monumens de Cour majeure, de Grande Cour : *Curia major, magna Curia, magnum Confilium*, où le Roi affiftoit en perfonne, le plus fouvent fans aucun membre de la Cour ordinaire du Parlement.

On fentira tout l'avantage qu'il y a à n'être jugé que par fes Pairs, fi l'on veut faire réflexion que l'on s'intéreffe en général à fes confreres, à fes pareils, plus qu'à ceux qui ne nous font rien, ou qui font d'une condition autre que la nôtre. Il eft vrai que la rivalité fe trouve plus fouvent entre les pareils, & qu'elle peut faire naître entre eux, la jaloufie & l'envie ; d'où s'enfuit une partialité contraire à la premiere qualité d'un juge ; mais ce n'eft qu'entre quelques perfonnes qui ont le même objet d'ambition, que ces paffions fe rencontrent ; tout tribunal alors fera difpofé à écouter les motifs de récufation que l'on préfentera contre un rival reconnu, fi ce rival de lui-même ne s'eft point récufé. On

n'a donc point à craindre ces paffions de la généralité de fes pareils ;
mais elles fe font fentir dans tous
les individus, d'état à état, de condition à condition. On ne voit pas,
pour l'ordinaire , avec des yeux
auffi favorables, ceux d'un rang au
deffus du nôtre ; on voudroit plutôt
les abaiffer , les humilier ; les petits
portent envie aux grands.

Quoique l'on doive préfumer que
des juges ne fe laiffent pas aller à
ces paffions , cependant ils font
hommes ; ils portent avec eux les
préjugés de leur condition, & l'expé-
rience nous apprend que, malheu-
reufement, la plupart des juges ne
peuvent pas s'en dépouiller entiére-
ment : on ne fçauroit donc efpérer
que leurs jugemens , quand ils re-
garderont la perfonne & l'état des
gens de condition au deffus de la
leur, ne fe reffentent de ces difpo-
fitions naturelles ; on en voit des
exemples même récens.

Le fentiment d'humanité naît de
la vue & de la confidération de fon
femblable ; on fe voit en lui , & l'on

ne fçauroit trouver plus parfaitement fon femblable que dans fon
égal ; car la différence des conditions dérange l'égalité primitive que
la nature a femblé mettre d'abord
entre tous les hommes. Un accufé
ne peut donc avoir des juges plus
humains que fes pareils ? C'eft d'ailleurs un principe de droit que tout
doit être favorable à l'accufé, les
juges les plus favorables font donc
une faveur qui lui eft dûe, & l'on
vient de montrer qu'il n'en trouvera pas de préférables à fes égaux ;
ils feront plus foigneux que tout autre dans la recherche & l'examen
des preuves de fon innocence. On
ne doit pas craindre cependant que
la juftice ne foit pas bien rendue
par fes pareils ; s'ils font plus favorables à l'accufé innocent, ils ne font,
que plus féveres, s'il eft coupable :
quand le crime vient de fon pareil,
on en partage, en quelque façon,
la honte, & alors ce fentiment excite
davantage la vindiĉte, fur-tout dans
les cœurs vertueux & juftes. Auffi
eft il de l'équité, de l'ordre naturel,

eſt-il même conforme à nos loix de n'être point jugé par ſes inférieurs ? C'étoit également la loi de toute l'Europe, & ce l'eſt encore dans pluſieurs Etats où chacun en connoît l'importance, & ne voudroit être jugé par d'autres que par ſes Pairs.

On eſt ſûr, & on ne peut trop l'être, qu'un Pair de France ne ſera jamais jugé par des Commiſſaires, & qu'il n'aura que des juges déterminés fixes & invariables, qu'autant que les Pairs ſeront maintenus dans le droit que l'on a démontré leur appartenir, de n'être jugés que par leurs Pairs, avec l'obligation de les convoquer tous pour procéder au jugement ; qu'autant que le défaut de convocation d'un ſeul rendra le jugement nul , & que perſonne autre qu'eux , à l'exception cependant des Grands-Officiers de la couronne, ne pourra avoir voix délibérative , quand il eſt queſtion de leur perſonne ou de leur état ; autrement, qui peut aſſurer les Pairs, s'ils choiſiſſoient pour juge le Parlement de Paris, ou tout autre tribunal , qu'ils ne ſeront ja-

mais jugés par des Commiſſaires ?
Qui répondra qu'un jour, après les
différentes variations qui ſont arri-
vées au Parlement de Paris dans ſa
formation, on n'en rembourſera pas
les offices ? Rien n'empêche alors
qu'on ne remette ces offices comme
ils étoient avant leur vénalité, &
qu'on ne donne aux Officiers du
Parlement que de ſimples commiſ-
ſions. Le Roi en pourra former chaque année un nouveau rôle, peut-
être même tous les ſix mois, comme
cela ſe pratiquoit ; il en pourra changer, chaque fois, les Officiers. Le
Parlement, par cet événement,
comme autrefois, ne ſera plus
compoſé que de Commiſſaires, &
les Princes & les Pairs ne pourroient
peut-être plus alors les rejetter pour
leurs juges, s'ils avoient aujourd'hui,
on ne craint point de le dire, l'im-
prudence d'en faire le choix.

Mais quand les choſes reſteroient
dans l'état où elles ſont, comment
ne pas ſe rendre aux raiſons qu'on
vient d'expoſer ? Principalement ſi

les

les Pairs font réflexion que ce Parlement ne cherche , depuis longtems , qu'à les abaisser , & qu'ils font avec lui en procès, depuis plus d'un siecle, pour le rang, les honneur, les distinctions , les droits & les prérogatives de leur dignité.

K

NOTES.

PREMIERE NOTE.

Monumens qui établissent que les Pairs ne doivent & ne peuvent être jugés que par leurs Pairs.

1°. TRAITÉ fait entre Henri I, Roi d'Angleterre, & Robert, Comte de Flandres, dans lequel il est dit, que c'est à ses Pairs, comme étant ses juges, à juger si le Comte de Flandres est obligé de donner secours au Roi d'Angleterre. Les termes de ce traité, *& hoc per Pares suos qui eum jure judicare debent*, sont encore répétés dans d'autres traités faits, l'un entre les mêmes Roi d'Angleterre & Comte de Flandres, du 6 des ides de Mars ; l'autre entre Henri II, Roi d'Angleterre, & Henri son fils, d'une part, & Thierry, Comte de Flandres, & le Comte Philippe son fils, de l'autre, du 14 des kalendes d'Avril 1163. Th. Rymer, *Acta regni Angliæ*, tom. I, p. 4 & 23. Lancelot, *Preuves*, pag. 8 & 9.

La même formule se trouve dans une infinité d'actes, soit avec les mêmes expressions, soit avec d'équivalentes. Voyez Lancelot, *Preuves*, p. 26 & 27. Les lettres de Thibaud, Comte de Champagne, de l'an 1220 , où il promet de servir Philippe-Auguste, tant que le Roi lui fera droit à sa Cour , par le jugement de ceux qui peuvent & doivent le juger. *Quandiu ipse mihi faciet rectum Curiæ suæ per judicium eorum qui me possunt & debent judicare.* Autre lettre du Comte de Rhetel , qui s'engage de servir le même Roi Philippe-Auguste , contre Thibaud , Comte de Champagne , son Seigneur, en cas que le Comte manquât à servir le Roi. *Quandiu Dominus Rex vellet ei facere & faceret rectum Curiæ suæ per judicium eorum qui eundem Dominum meum debent & possunt judicare.* Autre lettre semblable de Gauthier d'Avesnes, Comte de Blois : une quatrieme lettre où l'on ne voit qu'un K , premiere lettre du nom, pour désigner de qui elle est.

2°. Jugement des Pairs de France en 1216 , en présence du Roi Philippe-Auguste, sur le différend entre Blanche , Comtesse de Champagne, & Thibaud son fils, d'une part ; & Erard de Brienne , & Philippe sa femme, de l'autre , au sujet du Comté de Champagne. *Quod cum dilecta & fidelis nostra Blancha , Comitissa Campaniæ , citata esset .... ut in Curiam nostram veniret.... Judicatum est ibidem à Paribus regni nostri , videlicet Alberico , Remensi Archiepiscopo , Villelmo Lingonensi, Villelmo Cathalaunensi , Philippo Belvacensi , Stephano Noviomensi, Episcopis , &*

(148)

Odone, Duce Burgundiæ, & à multis aliis Epiſcopis & Baronibus noſtris . . . . . Nobis audientibus & judicium approbantibus. Cartulaire de Champagne : *Preuves du Traité des Fiefs,* par Chantereau. Lancelot, *Preuves,* pag. 22.

3°. Arrêt qui donne la voix délibérative aux Grands-Officiers de la couronne dans les jugemens des Pairs de France. *Præterea cum Pares Franciæ dicerent quod Cancellarius, Buticularius, Camerarius & Conſtabularius Franciæ, miniſteriales hoſpitii Domini Regis, non debebant cum eis intereſſe ad facienda judicia ſuper Pares Franciæ, & dicti miniſteriales hoſpitii Domini Regis è contrario dicerent ſe debere ad uſus & conſuetudines obſervatas intereſſe cum Paribus ad judicandum Pares. Judicatum fuit in Curia domini Regis quod miniſteriales prædicti de hoſpitio Domini Regis debent intereſſe cum Paribus Franciæ ad judicandum Pares, &c.* Lancelot, *Preuves,* p. 29.

4°. Traité entre le Roi St. Louis & Ferrand, Comte de Flandres, fait à Melun, en Avril 1225, où il eſt dit : Que le Comte de Flandres ſera fidele au Roi tant que le Roi lui fera droit en ſa Cour par le jugement de ſes Pairs. *Quandiu Dominus Rex velit facere nobis jus in Curiá ſuá per judicium Parium noſtrorum.* Man. de la Bibliot. Colbert, Baluze, Miſcellan. tom. 7, p. 251. Lancelot, *Preuves,* p. 30.

(149)

5°. Lettres de St. Louis, qui confirment le traité de Melun ci-deſſus, du mois d'Avril 1225, où les mêmes expreſſions ſe trouvent. Man. de la Bibliot. Colbert, Baluze, Miſcellan, tom. 7, p. 258. Lancelot, *Preuves*, p. 35.

6°. Hommage pour le Comté de Flandres, rendu au mois d'Octobre 1246, par Guillaume de Dampierre, fils & héritier préſomptif de Marguerite, Comteſſe de Flandres, avec la ratification des traités précédemment faits, & promeſſe de s'en tenir au jugement des Pairs, & d'être fidele au Roi tant que le Roi lui fera droit en ſa Cour par le jugement de ſes Pairs. *Quoſque id eſſet emendatum in Curia Domini Regis ad judicium Parium Franciæ... Ego & ſucceſſores mei non inquietabimus, nec guerreabimus Dominum Regem... Nec ei deficiemus de ſervitio & jure faciendo. Quandiu Dominus Rex velit facere nobis jus in Curiâ ſuâ per judicium Parium noſtrorum.* Man. de la Bibliot. Colbert, Baluze, Miſcellan, tom. 7, p. 274. Lancelot, *Preuves*, p. 46.

7°. *Extrait de la Chronique de Flandres*, publiée par Sauvage, chap. 34, p. 75, 76. » Quand le Roi de France ouit les » nouvelles complaintes que de tous les » côtés venoient des Gens du Roi d'Angle- » terre, moult en fut iré; ſi manda les » Pairs de France, & leur montra les in- » jures que le Roi d'Angleterre lui faiſoit,

» & les conjura que droit lui en difent ;
» & les Pairs jugerent que l'on envoyât
» deux des Pairs au Roi d'Angleterre.
» Tantôt on y envoya l'Evêque de
» Beauvais & l'Evêque de Noyon, & ne
» finirent : fi vinrent en Angleterre , &
» trouverent le Roi en un fien Chaftel ,
» que l'on appelle Windzore. Là lui
» baillerent leurs lettres , & lui dirent ,
» Sire , les Pers de France ont jugé qu'on
» vous ajourne fur les demandes que le
» Roi de France vous fait , & nous, qui
» fommes Pers de France , nous vous y
» ajournons, & que dans quarante jours
» veniez répondre à cette chofe". Lan-
» celot, *Preuves*, p. 106.

8°. Traité de Paix , entre le Roi Philippe-le-Bel & les enfans de Guy, Comte de Flandres & les Flamands, en 1305 ,
fervant à faire voir que les Pairs doivent être ajournés à longs jours devant
les Pairs , & que le jugement réndu contre un Pair , doit être tenu au nom des
Pairs. » Le Roi notre Sire, doit ajour-
» ner par cri fait publiquement, en fon
» palais à Paris , les Seigneurs de Flan-
» dres , ou fes fuccefleurs, par trois mois
» de termes,pour venir à fa Cour à droit....
» lequel jugement li dit notre Sire le Roi
» fera rendre, au nom defdits Pairs , &c."
Man. de Brienne , vol 236 , 237, *fol.*
Lancelot, *Preuves*, p. 176.

9°. Déclaration donnée par le Roi à

Mahault , Comtesse d'Artois , portant , entr'autres , que les réponses par elle faites , sur certains délits à elle imposés , ne pourront préjudicier à la Pairie de France , ni au droit qu'elle avoit de ne répondre que devant ses Compairs. A Paris , le 10 Juillet 1317. Man. de Brienne, vol. 236. Lancelot, *Preuves* , p. 245.

10°. Ratification en Juillet 1316 , du traité entre Philippe-le-Long & Eudes IV , Duc de Bourgogne , faite par le Duc Eudes , où il consent d'être jugé par le Régent, comme par le Roi avec les Pairs de France , suivant la forme usitée. » Que » nous eussions forfait tout qui que nous » tenons dou Roi de France & de Mon- » sieur le Régent, pour raison dou Royau- » me ; & que nous en soyens jugés & » condamnés en la forme & maniere qu'il » est accoutumé à juger Per de France , & » que ledit Régent ait tel pouvoir au ju- » gement & au procès comme le Roi au- » roit se il y étoit & gouvernoit le Royau- » me, &c." Man. de Brienne , 236. Lancelot, *Preuves* , p. 230.

11°. Ajournement fait au Duc de Bretagne par Philippe-le-Long, où on lit : *Nos volentes ob hanc causam Curiam nostram personis idoneis & specialiter Paribus Francia habere & tenere munitam, &c.* Juin 1317. Lancelot, *Preuves* , p. 383 & 384.

12°. Procès du Duc d'Alençon , 1458. Avis du Parlement de Paris sur le juge-

ment des caufes qui concernent la perfonne des Pairs & Seigneurs du fang.
Extrait des regiftres mêmes du Parlement. » Sur les queftions & difficultés
» que fait le Roi, & dont il a écrit à fa
» Cour de Parlement, par Me. Jean Tu-
» der, fon Confeiller, & Maître des Re-
» quêtes de fon hôtel. Après que les re-
» giftres de ladite Cour ont été fur ce vus
» & vifités, a femblé à ladite Cour, bien
» affemblée fur ce, & a délibéré ainfi,
» par la forme & maniere qui s'enfuit.

» Premiérement, fur le premier arti-
» cle qui eft tel : premiérement, parde-
» vant quels juges doivent être traitées
» les caufes des Pairs de France, tou-
» chant leurs perfonnes ; & fi par l'infti-
» tution du Parlement, il y a aucunes ré-
» fervations des caufes qui peuvent tou-
» cher les perfonnes des Pairs de Fran-
» ce. A femblé que quand aucun Pair
» de France eft accufé d'aucun cas crimi-
» nel qui touche fon corps, fa perfonne
» & état ; le Roi, en fa perfonne préfent,
» quoique foient appellés les Pairs de Fran-
» ce & autres Seigneurs tenant en Pai-
» rie, & ledit Seigneur, accompagné d'au-
» tres notables hommes de fon royau-
» me, tant notables Prélats, qu'autres
» gens de fon Confeil, en doit connoître :
» fe trouve, par les regiftres de la Cour,
» que ainfi fut fait ès procès de Robert
» d'Artois, de Meffire Jean de Montfort,

» du Roi de Navarre ; & ne trouve point,
» par l'inftitution de Parlement, ne par
» aucune ordonnance ne autrement,qu'il
» y ait aucune réfervation des caufes qui
» touchent ou peuvent toucher les per-
» fonnes & état defdits Pairs de France ;
» mais fe trouve avoir été ainfi gardé &
» obfervé les tems paffés, & femble
» qu'ainfi fe doit faire que dit eft ci-def-
» fus.

„ Sur le fecond article, contenant,
„ item : Si les caufes des Seigneurs du
„ fang qui ne font pas Pairs, doivent être
„ traitées en pareilles prérogatives, com-
„ me font celles des Pairs. La Cour n'y a
„ pu délibérer pour le préfent, pour ce
„ qu'il y a procès appointé en droit en
„ ladite Cour en pareil cas ; & feroit la
„ délibération de cet article en effet la
„ décifion du procès.

» Sur le tiers article, contenant, item :
» Veut auffi fçavoir fi mondit Seigneur
» d'Alençon tient fondit duché en Pai-
» rie ; & fuppofé qu'il tienne en Pairie,
» s'il doit jouir de pareil privilege & pré-
» rogative que feroit un des douze Pairs
» de France, touchant fa perfonne. Il fe
» trouve, par les regiftres du Parlement,
» que M. d'Alençon tient le duché en Pai-
» rie, & que les Rois, les tems paffés,
» l'ont tenu & réputé pour Pair de Fran-
» ce, & tenanten Pairie, & pour ce fem-
» ble qu'il en doit jouir comme les autres
» Pairs.

» Sur le quatrieme article, contenant,
» item : S'il étoit trouvé que les Pairs duſ-
» ſent être appellés à ſon procès, le veut
» ſçavoir ſi les autres Seigneurs du ſang
» qui tiennent en Pairie, & ne ſont pas des
» douze Pairs, doivent auſſi être néceſ-
» ſairement appellés au procès ; & s'ils
» doivent, quant à ce, jouir des honneurs
» & prérogatives deſdits douze Pairs, ou
» non. Il ſe trouve, par les regiſtres an-
» ciens de ladite Cour, que ceux qui ont
» été créés Pairs de France, qui tiennent
» en Pairie, furent préſens & appellés
» comme les anciens Pairs auxdits pro-
» cès de Robert d'Artois, de Meſſire Jean
» de Montfort & du Roi de Navarre, &
» pour ce ſemble que ainſi ſe doit faire.

» Sur le cinquieme article, contenant,
» item : Veut ſçavoir le Roi ſi les douze
» Pairs doivent être préſens au jugement,
» ou s'il ſuffit les appeller, jaçoit ce qu'ils
» n'y viennent : & s'ils n'y viennent ou
» s'ils y viennent, que ceux qui y ſe-
» roient par eux envoyés, doivent être re-
» çus à être audit procès, pour & au nom
» d'eux. Semble, comme deſſus, qu'ils
» y doivent être appellés, & s'ils y vien-
» nent, doivent être préſens, & aſſiſter
» audit procès ; & s'ils n'y viennent, le
» Roi ne doit ſurſeoir de procéder audit
» procès pour leur abſence ; & s'ils en-
» voyent aucuns pour être préſens audit
» procès pour eux, & en leur abſence,

» femble qu'ils n'y doivent être reçus ;
» car ils y font appellés, & y peuvent être
» préfens par l'autorité, dignité & pré-
» rogatives de leurs perfonnes & fei-
» gneuries ; en quoi ils ne peuvent,
» ne doivent fubroger autres en leurs
» lieux, & ne fe trouve point qu'aux
» procès des fufdits autrement ait été
» fait.
   » Sur le fixieme article, contenant ,
» item : Auffi le Roi veut fçavoir fi ceux
» qui doivent être & feront appellés au-
» dit procès , pourront procéder fans la
» préfence du Roi ; & fi la fufdite pré-
» fence y eft néceffairement réquife ; car
» s'il étoit trouvé que non , il fe mettroit
» lui & fes fucceffeurs en grande fervi-
» tude d'y être préfents, & pourroit dé-
» roger à fon autorité royale , laquelle
» chofe il ne voudroit faire pour rien.
» Semble qu'on ne peut impofer nécef-
» fité précife au Roi en ce cas , ne autres.
» Toutefois, parce que l'on trouve avoir
» été obfervé ès procès des fufdits, les
» Pairs de France & autres qui y furent
» appellés, ne procéderent point fans la
» préfence du Roi , bien fe trouve que
» les Rois commirent aucuns notables
» hommes pour procéder aux prépara-
» tions defdits procès, comme à faire in-
» formations, interroger les complices,
» coupables, & tels & femblables actes.
» Mais aux regards des appointemens

» jugemens interlocutoires ou définitifs,
» se trouve que les Rois y furent tou-
» jours présens, & semble qu'il est très-
» expédient, convenable & raisonnable
» que pareillement le Roi soit présent au
» procès de mondit Sr. d'Alençon, même-
» ment aux delibérations & prononcia-
» tions des jugemens & appointemens
» définitifs & interlocutoires, qui se fe-
» ront audit procès, contre & touchant
» la personne dudit Monsieur d'Alençon.

   » Sur le septieme & dernier article,
» contenant, item : S'il est trouvé que le
» Roi nécessairement y doive être pré-
» sent, il veut sçavoir si le cas avenoit
» qu'il lui survînt aucun empêchement
» pour la chose publique, s'il suffiroit
» qu'il y commît aucun en son lieu. Sem-
» ble que s'il survenoit empêchement né-
» cessaire au Roi, il seroit plus conve-
» nable & raisonnable proroger ou con-
» tinuer l'expédition dudit procès, jus-
» qu'à quelqu'autre tems, qu'il y pour-
» roit être & vaquer, que d'y commet-
» tre autre en son absence : considéré la
» grandeur du personnage, & le cas dont
» on traite, & ne se trouve point qu'aux
» procès des susdits, de Robert d'Artois,
» de Messire Jean de Montfort & du Roi
» de Navarre, ait été fait aucun appoin-
» tement interlocutoire ou définitif, que
» le Roi ne fût présent, & sa Cour en
» majesté royale , & pour ce semble
» qu'ainsi ce doit faire.

» Item : Que les lettres clofes des fuf-
» dits contenoient créance audit M. Jean
» Tudert, à ce que la Cour nommât feize
» Confeillers Lais & fix Clercs de la Cour
» de céans, pour aller à Montargis. & être
» audit procès de mondit Sieur d'Alen-
» çon.

   » Et pour cela la Cour a nommé ceux
„ qui s'enfuivent : c'eft à fçavoir Maî-
„ tres J. Le Damoifel , S. Colas, S. de
„ Sauray , G. de Vic , G. de Nanterre ,
„ G. Vouzi , A Cottin , S. A. Fournier ,
„ G. de Corbie, G. Blanchet , M. J. Jou-
„ velin , S. Chambon , P. Clentin , R. Pi-
„ chon , G. de Paris & H. de Livres ,
„ Confeillers - Laïs ; & Maîtres, S. Du-
„ breuil , N. Marchand , S. de Courcelles,
„ J. de Montigny , S. Henri & J. de la
„ Reaute , Confeillers-Clercs. Fait en ar
„ lement, le 2oe. jour d'Avril, l'an 1458,
„ après Pâques ". Dutillet , *Recueil des*
„ *Rangs des Grands de France*, p. 65 ,
66, 67 , in. 4°. Edition 1618. Lancelot,
Preuves, p. 810.

SECONDE NOTE.

*Monumens qui font voir que l'on ne doit
pas toujours entendre, par la Cour du
Roi, le Parlement de Paris.*

1°. **J**UGEMENT des Pairs de France
& Barons, donné à Paris contre Robert, Comte de Flandres, au mois de Juin
1315. Quoiqu'il y foit dit que Robert,
Comte de Flandres, fut ajourné à la Cour
du Roi, garnie de Pairs, cette expreffion, *de la Cour du Roi*, ne fignifie point
le Parlement de Paris, puifque la Cour
du Roi ne fut garnie, pour cette grande caufe, que des Pairs & de douze hauts
Barons. Les membres qui compofoient
ou devoient compofer la Cour ordinaire de Juftice, le Parlement de Paris, n'y furent point. Des Confeillers
fimples Gentil-hommes ou Clercs, du fecond ordre, n'étoient pas de fuffifans
perfonnages pour juger un Pair de France.
Ce que l'on voit dans l'arrêt rendu par
les Pairs, & en leur nom, & dans celui
du Roi Louis Hutin, confirmatif du premier. *Tréfor des Chartres* Man. de Brienne. Lancelot, *Preuves*, p. 197.

Il eft bon d'obferver que lorfque ceux

du Parlemeut de Paris, foit de la Grand'-Chambre , foit des Enquêtes où des Requêtes, fe trouvent à ces fortes d'affemblées, ils y font nommés, ce que l'on verra dans les notes fuivantes , & dans Dutillet , au *Recueil des Rangs.*

2°. Lettre du Roi Louis X, au Roi d'Angleterre , en lui faifant part du jugement des Pairs contre Robert, Comté de Flandres , où il eft dit qu'il fut appellé en fa Cour à Paris, & jugé par les Pairs; quoique les gens qui tenoient, ou devoient tenir la Cour ordinaire du Parlement de Paris, ne fuffent pas au jugement, comme on le voit dans l'arrêt des Pairs & dans celui confirmatif du Roi cités ci-deffus. Lancelot, *preuves*, p. 197 & 215.

3°. Ajournement fait le 9 Avril 1317, par Philippe, Roi de France, à Robert, Comte de Flandres, à comparoir en fa Cour garnie de Pairs. Pareil ajournement aux autres Pairs pour y affifter. Elle ne devoit pas être formée par les membres qui compofoient ou devoient compofer le Parlement ordinaire ; mais feulement par les Pairs & douze Prélats ou Barons , conformément aux traités. La Cour du Roi à Paris ne veut donc pas toujours dire le Parlement de Paris ? Lancelot, *Preuves*, p. 240 & fuivantes.

4°. Arrêt, par lequel le Comté de Flandres eft adjugé au Comte de Nevers.

(160)

Quoiqu'il foit infcrit au bas, *datum Pa-rifis*, *in Parlamento noftro*, 29 Janvier 1322, il y a fur le répli, *per arreftum Curiæ majoris*, & dans le corps de l'arrêt, *cum maturâ déliberatione noftri Confilii*; ce qui fait voir; 1°. Que le Roi y étoit préfent avec les gens de fon Confeil. 2°. Que ce Parlement étoit formé des perfonnes les plus confidérables du royaume, des Pairs, des Prélats & des hauts Barons. Il paroît que ceux d'une condition moindre que le Roi choififfoit pour remplir les places de Confeiller dans un Parlement ordinaire, n'y furent point admis. C'eft ainfi que les grandes caufes étoient traitées, & alors, la Cour du Roi étoit nommée *Curia major*, Cour majeure, en oppofition à la Cour ordinaire de juftice. Le Parlement ordinaire étoit préfidé par deux ou trois Prélats, & autant de Barons, fans qualification de Préfidens; les Confeillers n'étoient que des Commiffaires changeant, ou pouvant changer à chaque féance de Parlement, & ils n'y fiégeoient, principalement dans les grandes caufes, qu'autant qu'ils y étoient admis, chacun nommément, *fpeciali mandato*. Quoique les Pairs ne foient pas nommés dans cet arrêt, c'étoient eux cependant qui l'avoient rendu; ce que l'on voit dans la *Chronique de Flandres* de P. d'Oudegherft, chap. 157, fol. 244, où il eft dit que.

le

le débat fut difputé devant le Roi Charles , dit de la Marche, en la Cour des
Pairs de France , dans une généalogie
des Comtes de Flandres. *Thefaur. Anecdot.*
tom. 3 , p. 413 , 414, où on lit » : *Fuit*
» *eidem Ludovico adjudicatus Comitatus*
» *Flandriæ per Pares regni.*

Voyez *auffi la Chronique de Flandres,*
donnée par Sauvage, chap. 61 , p. 122.
Lancelot, *Preuves* , pag. 302 & fuivantes.

5°. Arrêt de Philippe le Long , en forme de lettres, donné en 1317, fur la
caufe de Robert d'Artois & de Mahault,
où il eft dit : » *Deinde nobis præfentibus*
» *certa die in Camera Parlamenti Parifiis*
» *pluribus Prelatis , Baronibus , & aliis*
» *Confiliariis noftris fuffcienter munitâ,*
» &c. Lancelot, *Preuves,* p. 384.

6°. Arrêt de Philippe-le-Long, en forme de lettres , donné en 1318 , fur la
caufe entre Robert d'Artois & Mahault,
où il eft dit. » Pourquoi nous , en la
» préfence des parties , en notre plein
» Parlement, préfens tous les deffus nom-
» més (Le Comte de Valois, le Comte
» d'Evreux, le Comte de la Marche , le
» Comte de Clermont , le Comte du
» Mans , & Charles fon frere, le Comte
» de Richemont, le Comte de Namur &
» autres) & plufieurs autres Prélats &
» Barons, & grand foifon d'autres gens
» de notre Confeil & d'ailleurs , &c. Ce

fut fait & donné à Paris en notre Parlement, 1318. Lancelot, *Preuves*, p. 388.

7°. Arrêt qui adjuge le Duché de Bretagne à Charles de Blois, donné à Conflans le 7 Septembre 1341. Il commence ainsi : *Cum dilectus & fidelis confanguineus noster, Joannes de Britanniâ Comes Montisfortis, coram nobis in Curiâ nostra in Magno-Consilio nostro Parium Franciæ, Prælatorum, Baronum, aliorumque sufficienter munitâ, propofuiffet, &c.* Lancelot, *Preuves, pag.* 522.

Il paroît, dans les trois arrêts que l'on vient de citer, qu'il ne se trouva à ces trois féances de Parlement que peu de membres qui compofoient, ou qui devoient compofer le Parlement ordinaire; que celles-ci ne furent principalement formées que des Princes qui y font nommés, que de Prélats & de Barons & de gens du Conseil du Roi. Quoiqu'on life dans ces arrêts, donné en notre Parlement, cela ne prouve pas que les membres du Parlement ordinaire y fuffent, puifqu'on a déja vu, dans les articles ci-deffus, le Roi former fa Cour à Paris avec les feuls Pairs de France, des Prélats & des Barons, & la Cour du Roi être nommée alors *Curia major*, & Parlement.

80. Le procès - verbal de l'exploit de main mife fait à Libourne, en la perfonne du Sénéchal de Gafcogne. On y lit : *Fua-*

runt protestati de appellando ad Dominum nostrum Franciæ Regem, & Curiam suam Paribus munitam, in magnâ Curiâ *ejusdem Domini nostri Regis Franciæ, ubi causæ Parium Franciæ audiuntur.* Ce qui fait voir que ce n'est point à la Cour ordinaire du Roi, mais à sa grande Cour que se traitent les affaires des Pairs ; [on entend celles qui regardent la personne, l'honneur des Pairs, ou leur Pairie) & que l'on doit distinguer deux sortes de Cour.

9°. Le lit de justice du Roi Charles VI contre Charles II, Roi de Navarre. » Le Samedi, 2e. jour de Mars 1386, fut » le Roi, notre Sire, en Parlement en » état, & tenant son siege royal, accom- » pagné de plusieurs de MM. Pairs de » France, Prélats & Barons, & autres ses » Conseillers, entre lesquels étoient, le Roi » d'Arménie, M. le Duc de Bourgogne, » M. le Duc de Touraine… les Evêques » de Noyon, Beauvais & Lâon, séans » comme Pairs ; le Comte de Nevers, » &c. … MM. Etienne de la Grange & » Guillaume de Sens, Présidens en Par- » lement… & plusieurs autres Prélats, » Barons & Chevaliers, Maîtres des Re- » quêtes, Louis Porté, Pierre Chante- » prime, & autres «. On ne voit nommés du Parlement que deux Présidens, & s'il y eut quelques Conseillers, ce ne furent que ceux que le Roi choisit pour

être au procès : dans ce tems-là les Conseillers n'étoient encore au Parlement
que des Commissaires. *Régistres du Parlement.* Lancelot, *Preuves*, pag. 630.

10°. Louis XIII fit le procès, en forme
de Pairie, au Duc de la Valette en 1639,
& au Duc de Vendôme en 1641. On
lit : » Dans les arrêts qui furent rendus
» par le Roi , séant & président en sa
» Cour assemblée au Château de Saint-
» Germain, assisté du Prince de Condé,
» Ducs & Pairs, & autres Officiers de la
» couronne... *Fait en Parlement ; &c.* Il
n'y eut du Parlement de Paris d'admis à
ce jugement, que sept Présidens & le
Doyen. On voit encore ici la Cour du
Roi autre que le Parlement de Paris ,
même dans son ressort. Lancelot , *Preuves*, pag. 17.

Voyez encore à la Note cinquieme les
Nos. 2 , 4 , 5 , 7 , 8.

TROISIEME NOTE.

*Monumens qui établissent que les Rois fai-
soient les loix , & gouvernoient les affaires de l'Etat par l'avis & le consente-
tement des Prélats & hauts Barons du
Royaume, dont les Pairs formoient la
portion la plus distinguée.*

1°. **L**ETTRE de l'Abbé Suger à l'Archevêque de Reims, vers 1150, pour
l'inviter de se trouver à l'assemblée de
Soissons, où l'on devoit traiter d'affaires
d'Etat ; par laquelle on voit qu'elles le
font par les Pairs, par les Prélats & hauts
Barons du royaume. Duchesne , *Hist.
Fran.* tom. 4 , pag. 518. Lancelot, *Preuves* , pag. 10.

2°. Ordonnance de Louis VII, pour la
pacification des troubles & la sûreté des
églises , & de ceux qui en dépendoient.
Cette paix est jurée par les Pairs , les
Prélats & hauts Barons. On y lit : *In pa-
cem istam juraverunt Dux Burgundiæ,
Comes Flandriæ, Comes Henricus, Comes
Nivernensis, & Comes Suessionensis, & re-
liqua Baronia quæ aderat, & Clerus simi-
liter Archiepiscopi, Episcopi & Abbates ,*

ues, &c. Cet acte est de 1155. Duch. *Hist.
Franc.* tom. 4, pag. 583. Lancelot, *Preuves*, pag. 11.

3°. St. Louis déclare au Roi d'Angleterre Henri III, qu'il seroit très-disposé
à vivre en bonne union avec lui, mais que
les Pairs & Barons de France s'y opposent.
*Cum autem progressi fuissent Reges per cir-
citer unam dictam, recesserunt ad invicem
& secus viam divertentes paululum dixerunt
verba secreta & amicabilia, & suspirans
Rex Francorum ait : O utinam duodecim
Pares Franciæ & Baronagium mihi, con-
sentirent, &c.* Matth. Paris, *Hist. d'Angl,*
tom. 2, pag. 901, Edit. Londin, 1640.
Lancelot, *Preuves*, pag. 52.

4°. Lettre de Philippe-le-Bel, qui
donne la Régence à la Reine Jeanne, sa
femme. Il y a au trésor des Chartres, N°.
5, treize lettres des Pairs & Grands qui
approuvent la régence de ladite Reine.
La lettre du Roi, datée de 1294, & les
autres de 1299 & de 1300. Lancelot,
Preuves, pag. 109.

5°. Traité entre Philippe-le-Long,
alors Régent du Royaume, & Eudes
IV, Duc de Bourgogne, au sujet de la
régence, où ils requerent, pour plus
grande fermeté & sûreté, que tous les
Prélats, Pairs, Barons & Comtes du
royaume veuillent mettre leurs sceaux
aux présentes lettres. » Et requérons,
» par ces présentes, de commun accord,

« pour greigneur fermeté , & greigneur
» sûreté des choses dessus dites , & de
» chacune d'icelles , tous les Prélats ,
» Pers, Barons & Comtes du Royaume,
» & specianment les dessus nommés ,
» (Charles , Comte de Valois ; Loys ,
» Comte d'Evreux; Charles , Comte de
» la Marche ; Mahault , Comtesse d'Ar-
» tois, & Blanche de Bretagne ; Louis &
» Jehan de Clermont & Charles de Va-
» lois-le-Joenne ; Guy , Comte de St.
» Pol; Jehan , Dauphin de Vienne; Amés,
» Comte de Savoye; Gauchier de Châ-
» tillon , Conneftable de France; Miles ;
» Seigneur de Noyers; Her..., Seigneur
» de Sully ; Guil, de Harçourt ; Hansel
» de Joenville, Seigneur de Rynel, &
» Harpin d'Arqueri , Chevaliers «) qu'ils
veuillent mettre leurs fcéaux en ces
préfentes lettres , &c. Fait & donné
au Bois de Vincennes, le 17 Juillet 1316.
Lancelot , pag. 226.

6°. La couronne donnée à Philippe
de Valois par les Pairs & les Barons de
France. » Si que par ces raifons les douze
» Pairs & les Barons de France don-
» nerent , de leur commun accord,
» le royaume à Mgr. Philippe , neveu
» jadis au beau Roi Philippe de France
» deffus dit, & ôterent la Reine d'An-
» gleterre & fon fils de la fucceffion du
» dernier Roi Charles, &c. «. Froiffart,
tom. 1, chap. 4. Lancelot, *Preuves*, p. 312.

Voyez les différens Auteurs de l'*Hi∫-toire de France.*

7°. Plaintes des Seigneurs de Gascogne en 1368. » Ainsi se commença le pays à » rebeller contre le Prince, & vindrent » en France le Seigneur d'Armignac... » & plusieurs autres hauts Barons, Pré- » lats, Barons, Chevaliers & Escuyers » de Gascogne, mirent plaintes en avant, » en la Chambre du Roi de France ; ledit » Roi de France & ses Pers présens, &c. Lancelot, *Preuves*, pag. 582.

8°. Edit de Charles V, 1374, pour la majorité des Rois à quatorze ans. *Habitâ super hoc deliberatione maturâ & Consilió pleniori cum pluribus Prelatis, personisque notabilibus Clericis & Laïcis, &c.* Lancelot, *Preuves*, pag. 601. Les différens Auteurs de l'*Histoire de France.*

9°. *Chronique de Flandres*, donnée par Sauvage, pag. 228. » Mais les Ducs » de Berry & de Bourgogne voulurent » qu'il fût sacré & couronné (Charles » VI) pour ce que le Roi & les Pairs de » France l'avoient dispensé pour l'âge de » quatorze ans «. Lancelot, *Preuves*, pag. 619.

10°. Froissart, tom. 1. vol. 2, chap. LXIII, pag. 98. » Et tantôt après son » trépas (de Charles V) les Pairs & les » Barons de France adviserent qu'après » la Toussaint on couronneroit le Roi à » Reims. Lancelot, *Preuves*, pag. 620.

QUATRIEME NOTE.

Pour prouver que le Parlement de Paris ne procède point aux procès qui regardent les personnes, états, rangs, honneurs, préséances, &c. des Pairs, sans des Lettres-Patentes pour l'y autoriser.

OUTRE les exemples apportés dans ce Mémoire, sur la nécessité des lettres-patentes adressées au Parlement de Paris, pour l'autoriser à connoître des affaires des Pairs, concernant leur personne & leur état, on en ajoutera encore ici quelques autres.

1°. Jugement rendu contre Jean, Duc d'Alençon, en 1474, 18 Juillet, par le Parlement, en vertu de lettres-patentes qui l'y commirent. Autres lettres patentes pour nommer les Commissaires pour l'instruction du procès ; le jugement fut prononcé par le Chancelier, qui avoit été un des Commissaires pour l'instruction, avec le Comte de Dunois & autres. Le Duc d'Alençon fut condamné à mort, l'exécution remise à la volonté du Roi : c'est ce que porte l'arrêt. C'étoit pour la troisieme fois que ce Duc s'étoit rendu coupable de crime de lèze-majesté ; les

Rois Charles VII, & Louis XI, lui avoient fait grace, le premier de la mort, & l'autre de la prison, en le rétablissant même dans sa dignité de Pair, & dans ses biens. Ansel. tome 3, page 274.

2°. Arrêt donné par le Roi le 17 Avril 1575, par lequel il ordonne que, » sur le différend qui est entre les Ducs » de Montpensier & de Guise, pour leur » préséance, à cause de leur Pairie, le » procès sera instruit par ladite Cour, & » mis en état de juger..... pendant le » tems, S. M. fera appeller les Pairs, » pour, en sa présence..... procéder au » jugement dudit procès & différend, ou » en son absence par ladite Cour avec » lesdits Pairs, ainsi qu'il appartiendra par raison, &c. Ansel. p. 535, tome 3.

3°. Arrêt de la Cour de Parlement, par lequel la préséance est adjugée au Duc de Nivernois, contre le Duc d'Aumale, où l'on voit que la requête du Duc de i vernois fut d'abord présentée au Roi, qui la renvoie au Parlement de Paris, & qui ensuite suspend encore le jugement pour quelque tems. Ansel. tome 3, p. 708.

4°. On a déja vu que Henri IV, donna des lettres-patentes pour autoriser le Parlement de Paris à instruire & juger le procès du Maréchal Duc de Biron. Il donna aussi le même jour d'autres lettres pour établir MM. Achilles de Harlay

premier Préfident, Nicolas Potier, auffi
Préfident, & Etienne Fleury & Phili-
bert Turin, Confeillers, Commiffaires
& Deputés pour faire l'inftruction, An-
fel. tome 4, p. 119.

50. L'Edit de 1711, dit au huitieme
article : » Ordonnons que ceux qui vou-
» dront former quelque conteftation fur
» le fujet defdits Duchés & Pairies, & des
» rangs, honneurs & préféances accor-
» dés par nous auxdits Ducs & Pairs,
» Princes & Seigneurs de notre Royau-
» me, feront tenus de nous repréfenter,
» chacun en particulier, l'intérêt qu'ils
» prétendent y avoir, afin d'obtenir de
» nous la permiffion de le pourfuivre,
» & de procéder en notre Parlement de
» Paris, pour y être jugés; fi nous ne
» trouvons pas à propos de les décider
» par nous-même; & en cas, qu'après y
» avoir renvoyé une demande, les par-
» ties veuillent en former d'autres inci-
» demment, ou qui foient différentes de
» la premiere, elles feront tenues pareil-
» lement d'en obtenir de nous de nouvel-
» les permiffions «.

CINQUIEME NOTE.

Le Parlement, Cour de Justice, a toujours été distingué & separé des Pairs, des Prélats & hauts Barons.

1°. L E samedi treizieme jour de Février 1366, en la présence » du Roi en » son hôtel des Barres-lès-saint-Paul, as- » sistans les Ducs d'Orléans, de Berry, » de Bourgogne, de Bourbon, & plusieurs » autres Comtes & Barons, & autres » Chevaliers, & plusieurs Prélats, & la » Chambre du Parlement, le sieur de » Craon, Messire Boucicaut & ses Con- » sors proposerent &c. On voit que les Princes, Comtes, Barons, Chevaliers, Prélats sont distingués & separés du Parlement, que la Chambre du Parlement, qui est jointe aux Princes, Comtes, Barons, Chevaliers, & Prélats, fait une partie de cette assemblée différente des Prélats & Barons, & la moindre partie étant nommée la derniere. Dutillet, *Recueil des Rangs*, page 50.

2°. » Le mercredi, neuvieme jour de Mai » 1369, le Roi tint sa Cour en Parlement, » & lui assisterent les Archevêques de » Reims, Sens & Tours, les Evêques de » Constances, d'Evreux, de Noyon ,

» d'Arras, de Troyes, de Bayeux, du
» Mans, de Paris, de Lizieux, d'Orleans;
» les Abbés de Saint Denis, Fécamp,
» Tournay, Saint Eloi de Noyon, &
» plusieurs autres ; la Reine Jeanne, les
» Ducs d'Orléans & de Bourgogne, les
» Comtes d'Alençon, d'Estampes, de
» Boulogne & Molezon; le Grand Prieur
» de France, le Comte de Tancarville,
» les sieurs d'Albret & de Châtillon, &
» plusieurs autres Barons & Chevaliers «.
Le mot Parlement est ici un mode qui
signifie la façon dont le Roi tint sa
Cour ; au lieu que quand on s'en sert
pour signifier une des Cours de justice
ordinaire, c'est un nom qu'on lui donne.
C'étoit ici une Cour majeure, où le Roi
n'avoit appellé aucun des membres qui
composoient le Parlement ordinaire de
Paris. Dutillet, *des Rangs de France*,
page 51.

» 3°. Le mercredi seizieme jour de
» Juin 1378. Ce jour, du commandement
» du Roi, furent assemblés en Parlement,
» M. le Chancelier, MM. les Présidens,
» le Comte de Harecourt, les Archevê-
» ques de Rouen & de Sens, les Evê-
» ques de Condom, de Bayeux, de
» Beauvais, de Therouenne & d'Evreux;
» les Abbés de Saint Denis, de Saint Wast,
» de Saint Benigne, & de Saint Germain-
» des Prés, le Prieur des Chartreux, le
» Vicomte de Thouars, & plusieurs au-

» tres Chevaliers & gens d'Eglife, & par
» fpécial tous les Seigneurs du Parlement
» & de la Chambre des Enquêtes ". On
voit également ici, les Prélats & Barons
diftingués & féparés du Parlement. Dutillet, *des Rangs de France*, page 53.

4°. » Le jeudi neuvieme jour de Dé-
» cembre, l'an 1378, le Roi notre Sire,
» tint fon Parlement en la Chambre
» de Parlement à Paris, auquel étoient
» adjournés les Pairs de France, pour
» le fait touchant Meffire Jean de Mon-
» fort, Chevalier, n'a guere, Duc de
» Bretagne, dont plus à plein eft mention
» en l'adjournement, rélation & exploits
» des Commiffaires ordonnés par le Roi
» à exécuter ledit ajournement, &c. Ci-
» après s'enfuit l'ordre & la maniere
» comment les Pairs de France fiéent,
» & furent affis, & lefquels furent pré-
» fens à ladite journée; & eft à fçavoir
» que le Roi, notre Sire, étoit affis en fa
» Majefté Royale, en la maniere qu'il a
» accoutumé, quand il fied pour juftice,
» & affez près de lui, étoit M. le Dau-
» phin.

» *Les Cleres Prélats Pairs.*

» L'Archevêque de Rheims,
» L'Evêque de Laon,
» L'Evêque de Langres,
» L'Evêque de Beauvais,
» L'Evêque de Châlons,

,, L'Evêque de Noyon,

Les Laïs Barons, Pairs préfens.

,, Le Duc de Bourgogne,
,, Le Duc de Bourbon,
,, Le Comte d'Eftampes,

Les Laïs Barons, Pairs abfens.

» Le Duc d'Anjou,
» Le Duc de Berry,
» Le Comte de Flandres,
» Le Comte d'Alençon,
» La Comteffe d'Artois,
» La Ducheffe d'Orléans,

» Tous Pairs de France, ont écrit au
» Roi, notre Sire, leurs excufations pour
» lefquelles ils n'ont pu être à ladite
» journée. Item ci-après s'enfuivent les
» noms des autres Prélats & Barons qui
» étoient à ladite journée.

Les Prélats.

» L'Archevêque de Rouen,
» L'Archevêque de Sens,
» L'Evêque du Mans,
» L'Evêque de Paris,
» L'Evêque de Saint Briot,
» L'Evêque de Therouenne,
» L'Evêque de Limoges,

» L'Evêque d'Evreux ,
» L'Abbé de Saint Denis ;
» L'Abbé de Vezelay ,
» L'Abbé de Saint Waſt d'Arras ;
» L'Abbé de Sainte Colombe-les Sens.

Les Barons ;

» Un Comte d'Allemagne ;
» Le Comte de Harcourt ,
» Meſſire Jean de Boloigne.

» Et eſt à ſçavoir que les Pairs de
» France, Barons, ſéent à la deſtre du
» Roi , & les Pairs de France, Prélats
» ſéans à la feneſtre . Dutillet, *Recueil*
» *des Rangs* , page 53, 54, 55 «.

On ne peut s'empêcher de rémarquer cette expreſſion , *tint ſon Parlement en la Chambre du Parlement à Paris* , pour y diſtinguer ce Parlement , du Parlement ordinaire. Il eſt ici une Cour majeure ; il prend ce nom quand il eſt formé des Pairs, de Prélats & Barons. On en a déja cité un exemple à la ſeconde note, N°. 4.

On ne faiſoit point de rôle de cette Cour majeure, comme du Parlement ordinaire, les Pairs , les Prélats & les Barons ne prenoient point de gages ; au lieu que les membres du Parlement ordinaire en prenoient.

Comme il étoit queſtion du procès d'un Pair de France, les Prélats Pairs,

comme

comme juges avec voix délibérative,
font diſtingués & ſéparés des autres Prélats non Pairs, & ſont nommés les premiers, ce qui ne ſe pratiquoit pas dans
les autres grandes affaires qui n'étoient
point de Pairie, où les Prélats Pairs ne
ſiégoient qu'à leur rang d'Evêque. Ce que
l'on va voir dans la citation ſuivante.

5º. » Le mardi, deux Octobre 1380, au
» Conſeil furent aſſemblés en Parlement,
» M. Louis, Régent le Royaume, Duc
» d'Anjou & de Touraine, & Comte du
» Maine; MM. les Ducs de Berry & de
» Bourgogne, freres germains dudit M. le
» Régent, le Duc de Bourbon, tous oncles
» du Roi notre Sire, qui eſt préſent; Mde.
» la Reine Blanche, Madame la Ducheſſe
» d'Orleans, le Comte d'Eu, Meſſire
» Charles d'Artois, ſon frere, le Comte
» de Tancarville, le Comte de Hare-
» court, le Comte de Sancerre, le Comte
» de Vienne, Meſſire Charles de Navarre,
» aiſné fils du Roi de Navarre; les Ar-
» chevêques de Rouen, de Rheims, de
» Sens; les Evêques de Laon, de Beau-
» vais, d'Agen, de Paris, de Langres,
» de Bayeux, de Therouenne, de Rieux,
» de Meaux & de Chartres, & pluſieurs
» autres Prélats & Barons; & en la pré-
» ſence deſdits Prélats & Barons fut dit
» & expoſé par la bouche de Meſſire Jean
» des Mares, &c. Dutillet, *des Rangs*
» *de France*, *p.* 55. «

Il étoit queſtion de décider qu'on ſa-
creroit le Roi Charles VI, quoiqu'il n'eût
que douze ans. Cette grande affaire eſt
reglée ſans qu'il y ait aucun membre du
Parlement ordinaire. Le mot Parlement
eſt encore ici un mode & pris pour ſigni-
fier la maniere dont le Conſeil fut aſſem-
blé. Et l'on voit que le Conſeil du Roi
en Parlement doit être diſtingué du Parlement ordinaire Cour de juſtice.

6°. » Le lundi 10e. jour d'Avril 1396,
» le Roi, en ſa perſonne, tint ſon Conſeil
» en la Grand'Chambre de Parlement,
» & pour ce dreſſa le liſt de juſtice, & à
» ce Conſeil furent préſens.

» M. le Duc de Berry,
» M. le Duc d'Orléans,
» M. le Duc de Bourbon,
» Meſſire de Navarre,
» Le fils du Duc de Bourbonnois,
» Le Comte de la Marche,
» Le Connétable de la Marche,
» Le Chancelier de France,
» Le Sire d'Albret,

» Les deux Maréchaux de France, c'eſt
» à ſçavoir; Meſſire Louis de Sancerre, &
» M. Jean le Maingre, dit Boucicaut.

» L'Amiral de France,
» Le Vicomte de Melun,
» Meſſire Gilles des Bordes,

» Le Begue de Vilaines,
» Le Sire de Coufant,
» Meſſire Jean Blayſy,
» Le Sénéchal d'Eu,
» Meſſire Regnault de Trie,
» Meſſire G. Marcel,
» Meſſire Louis de Gyac,
» L'Archevêque de Lyon,
» L'Evêque de Laon,
» L'Evêque de Noyon,
» L'Evêque de Paris,
» L'Evêque de Poitiers,
» Les Préſidens du Parlement,
» Meſſire Amaury d'Orgemont,
» Les Maîtres des Requêtes de l'hôtel ;
» Maître O. de Moulins,
» Meſſieurs de la Grand'Chambre,
» Meſſieurs des Enquêtes. Dutillet,
Recueil des Rangs, page 59. On voit éga-
lement ici les Prélats & Barons diſtingués
du Parlement.

7°. » Le ſamedi, 23 Août 1404, le
» jugement du Roi pour l'Univerſité de
» Paris, contre Meſſire Charles de Sa-
» voiſy, fut prononcé en la préſence
» dudit Roi, en la grande ſalle de ſon
» hôtel lès-Saint-Paul à Paris, par le
» premier Préſident du Parlement, pré-
» ſens les Roi de Navarre, Ducs de
» Berry & de Bourbon, oncles du Roi,
» l'Univerſité de Paris, pluſieurs Comtes,
» Barons, Chevaliers & Eſcuyers, plu-

M 2

» sieurs du Grand Conseil, & de la Cour
» du Parlement, & plusieurs autres. Du-
» tillet, *Recueil des Rangs*, page 59 , 60.

Les Barons sont toujours distingués du
Parlement , dont le Roi ne prit pour
cette journée que quelques Membres.
Cette assemblée étoit une Cour majeure,
& autre que le Parlement ordinaire.

8°. » Le 26 Décembre 1407, l'ordon-
» nance du Roi Charles VI, ostant les Re-
» gences pour la minorité des Rois de
» France ; veut que leur garde & nourri-
» ture & affaires du Royaume soient
» maniées en leur nom & autorité par
» l'avis & Conseil des Roines leurs me-
» res , si elles vivent, & des plus pro-
» chains du lignage & sang royal, qui
» lors feront , & des Connétables , &
» Chancelier de France , & des sages
» hommes du Conseil qui feroient lors
» du Roi deffunct. Fut faite à Paris, &
» lue publiquement & à haute voix en
» la Grand'Chambre du Parlement , où
» étoit dreßé le lict de justice le lende-
» main de la feste de Noël , & sur le re-
» pli fut écrit : Par le Roi tenant son Par-
» lement , présens le Roi de Sicile , Mes-
» sieurs les Ducs de Guyenne , de Berry,
» de Bourbonnois & de Baviere , les
» Comtes de Mortaing, de Nevers, d'A-
» lençon, de Clermont, de Vendôme, de
» Saint Paul , de Tancarville , & plu-
» sieurs autres Comtes, Barons & Sei-

» gneurs du fang. Royal & autres ; Le
» Connétable, Vous , les Archevêques
» de Sens & de Bezançon , les Evêques
» d'Auxerre , d'Angers , d'Evreux , de
» Poitiers & de Gap. Grand nombre
» d'Abbés & autres gens d'Eglife ; le
» Grand Maître de l'hôtel , le Premier
» & autres Préfidens en Parlement , &
» plufieurs autres Chambellans , grande
» quantité de Chevaliers & autres nobles,
» de Confeillers , tant du grand Confeil
» & dudit Parlement, comme de la Cham-
» bre des Comptes , des Requêtes de
» l'Hôtel, des Enquêtes & Requêtes du
» Palais, des Aydes, du Tréfor, & au-
» tres Officiers & gens de juftice, & d'au-
» tres perfonnes en grande multitude ».
Les Prélats & Barons font toujours diftingués du Parlement , dont il n'y avoit à
cette affemblée qu'une partie des Confeillers , avec d'autres du Grand Confeil qui
font nommés les premiers , de la Chambre des Comptes, de celle des Aydes, &c.
Dutillet, *Recueil des Rangs* , page 60.

9°. » Le famedi 2 Septembre 1413, fe
» leva avec l'heure la Cour , & d'icelle ,
» plufieurs des Seigneurs allerent au man-
» dement du Roi au grand Confeil, qui
» fe tint en la chambre verte en ce Palais,
» où furent préfens le Roi notre Sire, le
» Roi Louis de Sicile, fon coufin germain,
» le Duc de Guyenne & Dauphin aifné
» fils du Roi , les Ducs de Berry & d'Or-

» léans , le Comte d'Alençon , le Duc
» de Bourbon , le Comte de Vertus , le
» Comte d'Eu , le Duc de Bar , Meſſire
» Louis Duc en Baviere , le Comte de
» Vendôme , le Comte de Tancarville ,
» le Grand Maître de Rodes , & pluſieurs
» autres Barons , Seigneurs , Chevaliers
» & Ecuyers. Le Recteur , & pluſieurs
» Maîtres de l'Univerſité , les Prévôt
» des Marchands & Echevins, & pluſieurs
» Bourgeois de Paris , & pluſieurs Pré-
» lats , « &c. Il n'y eut d'admis à cette
aſſemblée que quelques Conſeillers du
Parlement. On voit ici que le Conſeil du
Roi , ſon Grand-Conſeil, étoit pour re-
gler les affaires d'Etat , & différent du
Parlement ordinaire, Cour de juſtice. Dutillet , *Recueil des Rangs* , page 61.

10°. » Le mardi 5 Septembre 1413,
» le Roi, notre Sire , préſens Meſſieurs
» de ſon Sang ; c'eſt à ſçavoir , le Roi de
» Sicile, le Duc de Guyenne, aîné fils du
» Roi , les Ducs de Berry , ſon oncle ,
» d'Orléans, ſon neveu, & naguere mari
» de la feue Reine d'Angleterre, fille du
» Roi de Bourbon : les Comtes d'Alen-
» çon , de Vertus, d'Eu, le Duc de Bar;
» les Comtes de Vendôme, de Marle, de
» Tancarville , & pluſieurs autres Ba-
» rons , Chevaliers & autres Seigneurs;
» les Archevêques de Sens & de Bour-
» ges , l'Evêque de Noyon ; les Conſeil-
» lers du Roi, tant de ſon Grand Con-

» feil, comme de Parlement, le Recteur
» & plufieurs Maîtres de l'Univerfité, le
» Prévot des Marchands & les Echevins,
» & plufieurs Bourgeois de Paris, &
» grande foifon de Peuple, tint fon lit
» de juftice en fa Chambre de Parlement,
» &c. Dutillet, *Recueil des rangs*, p. 61.

On voit toujours que les Princes ,
Pairs, Prélats, Barons, font diftingués
& feparés du Parlement ; que les Enquêtes ne font pas à cette affemblée, & que
les Confeillers du Grand - Confeil font
nommés & placés avant ceux du Parlement. Si le Parlement étoit autre qu'une
Cour de juftice ordinaire, s'il avoit fuc-
cédé aux anciens Parlemens de la Nation,
le placeroit-on après tout le monde, &
après les Officiers du Grand Confeil ?

On n'a pas befoin de multiplier ici
d'avantage les citations, qui ne feroient
que fatiguer ; on y remarqueroit toujours
la même diftinction obfervée, entre les
Prélats & Barons, & le Parlement, Cour
de juftice.

F I N.